Sonja Wildner

Die Schatzheberin

In 7 Schritten zum gelungenen Frauenkreis

Arun

Arun-Verlag, Engerda 28, D-07407 Uhlstädt-Kirchhasel,
Tel.: 036743-23314
email: info@arun-verlag.de, www.arun-verlag.de, arun-verlag.blogspot.com
Umschlagfotos, Innentitel, S. 125: Sonja Wildner.
Granatapfelfotos: © Adobe Stock (S. 9-id-art/; S. 11-Pixel-Shot/, S. 13-Dmytro/; S. 15ff-roberto/; S. 46-Soyka/; S. 59-mariarom/; S. 84-Luliia Metkalowa/; S. 97-Nikolay/; S. 109-5second/; S. 118-almaje/stock.adobe.com)
Gesamtgestaltung: Arun-Verlag.
Gesamtherstellung: Jelgavas Tipografija, Jelgava, Lettland.

ISBN 978-3-86663-129-8

Widmung

Dieses Buch widme ich all den wundervollen Frauen auf dieser Erde. Der Platz reicht nicht, um die unglaublichen Frauen anzuführen, die im Laufe meines Lebens meinen Weg gekreuzt haben. Die mich bis hierher begleitet haben. Wegbegleiterinnen, die in dunklen Stunden an meiner Seite waren. Von denen ich lernen durfte und jenen Frauen, denen ich mein Wissen weitergeben durfte. Frauen, die für mich der Inbegriff von klugen und starken Frauen sind. Selbstbewusst und verletzlich zugleich. Unglaubliche drei Jahrzehnte schon an meiner Seite. Ihre schonungslose Offenheit und trotzdem achtsam umschriebene Kritik, ihre punktgenaue Treffsicherheit der wunden Punkte und ihre Loyalität machen sie zu besonderen Menschen in meinem Leben.

Einen herzlichen Dank möchte ich einer besonderen Freundin aussprechen. Eine Schatzheberin, wie sie hier in diesem Buche steht. Wertschätzend, selbstkritisch, aufmerksam, suchend und wissend. Eine Kräuterfrau, die mit der Erde, der Natur und dem Himmel verbunden ist. Ihre Frauenkreise sind ein Geschenk. Ihre Medialität eine Gabe. Sie ist die Tiefseetaucherin unter den Schatzheberinnen. Achtsam und respektvoll geht sie mit dem Vertrauen ihrer Teilnehmerinnen um. Ohne sie gäbe es dieses Buch nicht. Ihre tiefschürfenden und hartnäkkigen Fragen waren die Inspiration für dieses Seiten. Danke Angelika für deine Wertschätzung und deine Weisheit. Beim Schreiben jeder Seite bist du mir hier an der Seite gesessen.

Ein besonderer Dank gebührt meinen beiden Töchtern, zwei wundervolle junge Frauen. Mutig und klug ihren Weg auch gegen Widerstand zu beschreiten. Selbstbewusst und doch auch alles hinterfragend. Sie haben mich stets ermutigt, auf meinem Weg zu bleiben. Meine besonderen Töchter der neuen Zeit. Ein weiteres Dankeschön an meine Mama und meine wundervolle, starke Schwester. Als Mutter in eine schwierige Zeit hineingeboren, kämpfend mit all den damaligen Herausforderungen hat sie uns Töchter zu dem geformt, was wir heute sind. Stärke, Kraft und den Mut Hindernisse zu überwinden, hat sie uns mitgegeben. Und ihre Liebe und das Wissen, dass sie allzeit hinter uns steht.

Inhalt

Warum Frauenkreise?

Frauenkreise sind auf dem Vormarsch. Der Wunsch der Frauen nach Austausch in einem geschützten Rahmen ist seit Menschengedenken groß. Auch heutzutage finden sich immer mehr Frauen regelmäßig in Frauenkreisen zusammen. Austausch, Halt und Verständnis werden geboten. Entspannen im Kreise Gleichgesinnter. Gut ist es. Einer meiner größten Wünsche ist es, dass wir immer mehr werden. Immer mehr Frauen, die Frauen motivieren in IHR Leben hinauszugehen. Wissend, dass es weitaus mehr gibt als die Rolle der Mutter oder der Partnerin. Nämlich die, ihre ureigensten Aufgaben anzupacken und IHR Leben zu leben. Für ihre Rechte einzustehen. Ihren Kindern, aber speziell für dieses Buch nun, ihren Töchtern, ein Vorbild zu sein. Möge es den Mädchen und jungen Frauen somit leicht(er) gemacht werden, kraftvoll und selbstbewusst ihr Leben zu meistern. Mutig ihre Entscheidungen zu schützen. Selbstsicher ihren Weg zu beschreiten. Ich möchte dich mit dem Wort überraschen. Dich motivieren. Dir Impulse bieten. Ich möchte deine Essenz berühren. Dich bestärken. Ich möchte den Weckruf deiner Seele einläuten.

Jeder einzelnen Frau, die sich gerufen fühlt, Frauenkreise ins Leben zu rufen, sei von Herzen gedankt. Die Welt braucht dich. Wir brauchen dich. Wir brauchen weibliche, mutige und selbstbewusste Vorbilder. Unser Frauenbild und unsere Rollen sind ins Wanken geraten. Noch eine Generation vorher waren sie klarer. Die Aufgabe der Frau war klar definiert und kompromisslos. Kochen war Frauensache. Kinder waren Frauensache. Punkt. Das gleiche bei den Männern. Die Frage, ob es gerecht war, stellt sich hier jetzt nicht. Sie war klar! In unserer Generation ist die Rollenaufteilung verwaschen und wir sind zunehmend überfordert. Überfordert mit dem Versuch, perfekt den Spagat mit den modernen Anforderungen an unsere weiblichen Rollen als Mutter, Partnerin, Ehefrau, Tochter und Schwiegertochter zu schaffen. Gleichzeitig stehen wir „unsere Frau" in Beruf und Karriere. Es hat sich leider noch nicht herumgesprochen, dass dies nur in den wenigsten Fällen ohne Kollateralschäden zu schaffen ist und dies öffnet Raum für Kritik. Aufgrund dieser Unschärfe in den Rollenbildern sind wir selbst unsere schärfsten Kritikerinnen. Mütter kritisieren erbarmungslos Frauen, die im Beruf stehen. Frauen, die im Berufsleben stehen, kritisieren Mütter. Mütter kritisieren andere Mütter gnadenlos. Unsere eigene Überforderung spiegelt sich täglich in den Aussagen unserer Geschlechtsgenossinnen.

In mehr als zwanzig Jahren und knapp 5000 Seminarstunden habe ich als Seminarleiterin hunderte Teilnehmerinnen betreut. Seit sieben Jahren arbeite ich als Beraterin für Frauen in Veränderungsprozessen. Viele Jahre schon bin ich Leiterin von Frauengruppen. Sieben Jahre lang war ich Personalleiterin. Quer durchs Gemüsebeet immer das Gleiche. Frauen versuchen den Spagat über alle Lebensbereiche zu machen, und das noch am besten in Perfektion und ohne Pause. Also – es wird Zeit, diese Muster zu erkennen, zu durchbrechen und Frauen wieder stark zu machen. Sie in Frauenkreisen achtsam aufzufangen und ihnen Mut zu machen.

Deswegen:

Denk nicht zu viel nach. Sei mutig. Denk daran, dass du als Schatzheberin Fehler machen darfst. Weil wir alle daraus lernen. Du bist dann ein grandioses Vorbild. Unendlich viele Frauen dürfen aus deinen Fehlern lernen. Streiche das Wort *perfekt* aus deinem Wortschatz. Nichts auf dieser Welt ist *perfekt*. Selbst die Natur kreiert sich wunderbar täglich neu aus dem Unperfekten. Einfach weil sie so ist, wie sie ist. Man stelle sich nur vor, Frau Löwenzahn ist unsicher, ob uns ihre gelben Blüten auch gefallen und versucht sicherheitshalber blau zu sein. Wäre das nicht eine unglaubliche Energieverschwendung? Wenn Fräulein Veilchen versuchen würde, wie eine Rose auszusehen? Verstehst du was ich meine?

Also: Alles beginnt mit dem ersten Schritt. Lass dich ein. Es wird ungewohnt sein. Dich frei machen. Dich zu dir zurückführen. Gib alles und halte nichts zurück. Momentan ist das alles, was du brauchst. UND hab keine Scheu mir zu schreiben, wenn du Fragen hast.

Von Herzen danke ich dir, wenn du bereits Frauenkreise leitest. Ist dies ein neues Feld für dich, dann lade ich dich von ganzem Herzen ein, deinem Ruf zu folgen. Mutig zu sein. In jedem Fall: Lasst uns die Frauen stark machen und die

Frauenkreise zu einem Feld der Inspiration! Finde in den folgenden Kapitel Informatives und Impulse sowie Checklisten, die dir ein bereicherndes Durcharbeiten erlauben! Lege dir ein wunderschönes Schatzheberinnen-Notizbuch zu, in dem du all deine Gedanken, Impulse und Lernerfahrungen verewigen kannst. Aber jetzt, los geht's – ich freue mich auf die gemeinsame Zeit.

Ach ja eines noch. Dem Granatapfel wird die Ehre zuteil, dich durch dieses Buch zu führen. Als eine der ältesten, kultivierten Früchte kommt ihm, quer durch alle alten Kulturen, eine besondere Bedeutung zu. Er steht für Fruchtbarkeit und Fülle, für Weiblichkeit und Macht. Leben und Tod. Für die Schönheit von Frauen. Welches Symbol könnte besser geeignet sein? Lass dich von dieser wunderbaren Frucht mit auf die Reise nehmen!

1. Schritt: Mach dich innerlich startklar

Wovon ich wirklich ausgehe, ist, dass du bereits innerlich bereit bist. Sonst würdest du dieses Buch nicht in Händen halten. Ich darf dir jetzt sagen, dass du bereits alles in dir hast was du brauchst. Ja wirklich. Jedoch ist es wie ein Rohdiamant, den es noch zu schärfen und schleifen gilt. Diese innerliche Inventur ist wichtig, um dich zu stärken. Dich auch auf die schwachen Momente vorzubereiten. Die Momente, in denen du dich nicht gut fühlst, nicht in deiner Mitte bist. In denen dich das Leben ein bisschen straucheln lässt. Das sind Momente, die dich zweifeln lassen. Zweifeln, ob es der richtige Weg ist. Zweifeln, ob du die Richtige bist. Zweifeln, ob es das Richtige ist. Zweifeln, ob du den richtigen Zeitpunkt gewählt hast. Zweifeln, ob du die richtige Entscheidung getroffen hast. Und so weiter und so weiter. Damit könnten wir nun eine ganze Seite füllen. Wir beide wissen, dass es diese Momente geben wird. Ich möchte hier ganz bewusst keine Beispiele anführen. Du weißt gewiss was ich meine. Wesentlich ist, sich dann daran zu erinnern, dass diese Momente vorüberziehen wie ein wilder Herbststurm, auch wenn du momentan noch glaubst, es wird nie aufhören. Es wird schneller vorbeigehen, wenn du dich auf deine Stärken und deine Lebensziele fokussierst. Noch schneller zieht er vorbei, wenn du (d)eine Lektion daraus gelernt hast. Dann wird der Sturm in dieser Sekunde innehalten.

Was wir hier jetzt miteinander tun, ist einfach die Vorbereitung darauf, dich in diesen Momenten stabil zu halten. Stabil für dich selbst. Stabil für die Frauen, für die du da bist. Stabil um zu zeigen, dass einem Lebensstürme wohl in der Krone ein bisschen durchschütteln, aber die Wurzeln unberührt lassen. Frauen werden dich beobachten und sich ein Beispiel an dir nehmen. Teile ihnen mit, wenn ein Sturm an deinen Blättern und Ästen rüttelt. Zeige ihnen aber auch, dass deine Essenz, trotz deiner Verletzlichkeit, davon unberührt bleibt. Noch mehr: Dass dich Lebensstürme stärker machen und wachsen lassen.

Im Kapitel „Innere Inventur" beginnen wir mit einer liebevollen Innenschau, die dir wertvolle Impulse bietet. Danach mit dem Schärfen und Schleifen des Rohdiamanten. Du darfst dir bewusst machen, wie unendlich viele Stärken und Fähigkeiten du in dir trägst. Trage diese Einzigartigkeit wie ein prachtvolles Amazonenkleid. Für dich. Aber auch dafür, dass Frauen ein Leitbild haben. Wir schauen gemeinsam, was dein innerer Motor braucht, um ins Laufen zu kommen. Welchen Treibstoff du aufnehmen darfst, damit du kraftvoll läufst und wo deine Lieblings-Tankstelle ist. Wir überlegen, ob du dich auf Landstraßen wohler fühlst oder auf Autobahnen. Vielleicht gar auf verwinkelten Straßen durch die Ortschaften? Weil es genauso wenig stimmig ist, wenn ein schnittiger Porsche auf Bergstraßen unterwegs ist, wie ein starker Land Rover, der auf der Autobahn dahinrast. Du wirst dir darüber klar, was dich stark hält und auf welchen Landstraßen des Lebens du unterwegs sein möchtest. Weil dich nur das glücklich und einzigartig macht.

Wenn du dich auf den Weg machst, bestimmen Richtungsweiser den Weg. Diese Wegweiser sind dein Wertesystem. Unsere Wertehaltung bestimmt unsere Entscheidungen. Wofür wir uns und unsere Energie einsetzen.

Wir erlauben uns einen Blick auf deine Ängste und sorgen dafür, dass sie zu deinen besten Freundinnen werden. Sie machen dich verletzlich und zeigen einen Teilaspekt von dir, der gesehen und angenommen werden möchte. Warum macht dich deine Verletzlichkeit so anziehend und dein Mut so vorbildhaft?

Du bist schon neugierig? Eines nach dem anderen. Wir möchten nichts überstürzen. Die Kapitel sind so aufgebaut, dass du sie gut durcharbeiten kannst und sie gleichzeitig ein direkter Pfad zu deinen Frauenkreisen sind.

1.1. Inventur ist angesagt – Die innere Inventur oder deine Lebensbilanz

Hier möchte ich gern Meister Saturn zu Wort kommen lassen, der sich mir bei diesem Thema aufdrängt und schon förmlich auf meine Tastatur setzt. Als praktizierende Astrologin und langjährige Schatzheberin habe ich Saturn in meiner Arbeit fürchten und lieben gleichzeitig gelernt. Er ist der wahre Meister der inneren Inventur, des Aufdeckens und des Loslassens. Dort wo Saturn präsent ist, ist Innenschau und Bilanz angesagt. Ach ja, auch Minimalismus. Weil Herr Saturn meint – und Frau Schatzheberin weiß – dass du dich nur gut auf die Innenschau konzentrieren kannst, wenn dich im Äußeren nicht zu viele Dinge ablenken. Du kannst dich praktisch nicht vorbeischummeln. Das ist gut so. Stell dir bitte mal bildlich vor: Du bist gerade im schönsten Stress, Lebenskatastrophe inbegriffen. Saturn läutet an deine Tür. Du machst nicht gleich auf, weil zu viel zu tun ist. Genau genommen sperrst du sicherheitshalber nochmal von innen zu und steckst dir die Finger in die Ohren. Es läutet immer dringender und nachhaltiger. Wenn es an der Zeit ist, hat Herr Saturn kein Erbarmen. Er deponiert den Zeigefinger im Dauermodus auf dem Klingelknopf. Es ist nicht mehr zu überhören. Weil es nicht mehr anders geht, machst du zaghaft auf. Meister Saturn ist hager und ein bisschen einschüchternd. Du merkst aber, dass er dich liebevoll betrachtet. Einwände helfen nicht, er bugsiert dich unnachgiebig an den Küchentisch und bedeutet dir, dich hinzusetzen. Zur Sicherheit hängt er noch schnell das Schild „Wegen Inventur vorübergehend geschlossen“, an deine Tür. Dann ist mal wirklich Ruhe. Er konfrontiert dich bedächtig mit seinen Fragen, die dir helfen, dein Selbstbild als Frau, Trainerin, Coach und Begleiterin zu hinterfragen. Zu hinterfragen, welche Rolle du gerade im Film deines Lebens spielst. Hoffentlich die Hauptrolle. Agierst du in einer Nebenrolle, wird Meister Saturn mit seinen Fragen möglicherweise auf Schmerzpunkte treffen. Das lautet dann so ähnlich wie:

- Fühlst du dich in deinem Leben wohl?
- Wann warst du das letzte Mal so richtig glücklich?
- Wann hast du das letzte Mal etwas nur für dich getan?
- Erinnerst du dich noch an deine Träume, deine Visionen als Jugendliche?

So kann es dir gehen, wenn Herr Saturn an deine Tür klopft. Oder schon an deine Tür hämmert. Seine Fragen sind unangenehm, weil er dich mit Themen konfrontiert, die schon länger anstehen oder in der Warteschleife sind. Weil die aktuelle Situation nämlich unerträglich geworden ist und wir schon viel zu lange darin ausharren. Weil diese Themen unser Leben lähmen, uns wütend, zornig oder depressiv machen und langfristig körperliche Beschwerden wie Rükken- oder Kopfschmerzen verursachen können. So gesehen ist Herr Saturn ein guter Freund unserer Schatzheberin. Weil er immer Sturm läutet, wenn ein Thema schon überfällig ist und wir die zarten Anzeichen schon längstens übersehen haben.

Diese innere Inventur ist ein kleiner Streifzug durch die Themen deines Lebens auf deinem Weg zur Frauenkreisleiterin. Wichtig ist vorab, dir bewusst zu machen, ob du mit gewissen Themen derzeit auf Abwegen bist oder einfach eine Entscheidung schon massiv gefordert ist. Möglicherweise weichst du peinlichst genau aus, indem du auf Nebenschauplätzen agierst? Was nämlich ganz gewiss passieren wird, ist, dass dir Frauen deine offenen Themen widerspiegeln. Sie werden es als Thema in deinen Kreis einbringen, mit anderen Frauen besprechen oder sogar dich um einen Rat bitten. Achtung! Wir erinnern uns jetzt daran, dass wir keine guten Ratgeberinnen sind, wenn wir gerade selber am Thema nagen oder mittendrin im Prozess sind. Wie du am besten mit so einer Situation umgehen kannst, entnimm bitte dem TIPP am Ende des Kapitels. Aber zuerst: Hast du Lust auf ein Date mit Mr. Saturn, dann mach es dir gemütlich. Und – Achtung – er ist IMMER pünktlich!

Übung

Nimm dir nun ein bisschen Zeit, kuschle dich in einen Sessel oder auf deine Couch. Vielleicht sogar mit einem guten Kräutertee. Möglicherweise hast du Lust eine Kerze anzuzünden oder es dir mit einem guten Duft aus der Duftlampe oder der Räucherschale fein zu machen. Nimm dein Notizbuch zur Hand. Lass nun die einzelnen Fragen wirken. Denk daran, das Herz weiß es ganz genau. Der Verstand ist uns ein guter Freund bei rationalen Dingen, aber hier ist er lediglich ein Besserwisser. Notiere dir die ersten Impulse, die aufsteigen. Lass den Kritiker schlafen und dein Herz sprechen. Aber genug erklärt.

Los geht's:

- In welcher Phase deines Lebens bist du gerade?
- Wie steht es mit den finanziellen Dingen?
- Läuft dein Familienleben so ab, wie du es dir immer vorgestellt hast?
- Fühlt es sich gut an, von den Kindern (Freunden, etc.) gebraucht zu werden?
- Wann hast du zuletzt etwas für dich selbst getan?

Nun gehen wir tiefer. Nimm die jeweilige Frage wahr und beantworte intuitiv auf dieser 10-stelligen Skala, wie sehr du der jeweiligen Aussage zustimmst. 0 ist nicht, 1 ist ganz wenig ... 10 ist sehr! Auch hier gilt: Sei spontan. Lass den ersten (intuitiven) Impuls zu. Alles was danach kommt, kommt aus deinem Verstand. Deine Intuition wird dich zur Essenz führen.

- Ich arbeite in einem Beruf, der mich voll erfüllt.

1	2	3	4	5	6	7	8	9	10

0 = nichts oder sehr wenig - 5 = mittel, geht so - 10 = viel

- Ich fühle mich gesund.

1	2	3	4	5	6	7	8	9	10

- Ich achte gut auf mich!

1	2	3	4	5	6	7	8	9	10

- Ich lebe ein Stück meiner Vision, die ich als Kind/Jugendliche hatte.

1	2	3	4	5	6	7	8	9	10

- Ich kann gut mit mir alleine sein.

1	2	3	4	5	6	7	8	9	10

- Ich stehe zu Dingen und Meinungen, die ich vertrete.

1	2	3	4	5	6	7	8	9	10

- Ich liebe den Lebensstil den ich lebe.

1	2	3	4	5	6	7	8	9	10

- Ich fühle mich frei und unabhängig.

1	2	3	4	5	6	7	8	9	10

- Es ist mir wichtig, mich frei und unabhängig zu fühlen.

1	2	3	4	5	6	7	8	9	10

- Ich fühle mit gut und spirituell mit meinem Glauben verbunden.

1	2	3	4	5	6	7	8	9	10

- Ich bin mit meinen Eltern in Frieden.

1	2	3	4	5	6	7	8	9	10

Du hast nun alle Aussagen durchgearbeitet? Wie ist es dir damit ergangen? Nicht zu lange nachgedacht? Der Kopf hatte wirklich Pause? Sehr gut! Wir gehen nun noch ein wenig weiter:

So zum Beispiel zeigen Antworten von 0 bis 6 Themen auf, wo es in deinem Leben ein bisschen rumpelt. Die eines genauen Betrachtens bedürfen, einer Lösung, einer Entscheidung oder Klärung.

Themen mit Antworten von 7-10 befinden sich im „grünen" Bereich und bedürfen zunächst mal keiner Aufmerksamkeit.

Ein Beispiel:

Aussage: Ich bin in meinem jetzigen Beruf glücklich.

1	2	3	X	5	6	7	8	9	10

Antwort: 4 (naja, geht so – eher weniger)

Ergebnis: Hier befinden wir uns unter unserem angepeilten Wert von „6". Notiere dir nun diese Aussage und die Antwort (4 auf dieser Skala) in dein Heft/Notizbüchlein. 4 bedeutet, dass es hier wirklich Handlungsbedarf gibt.

Frage: Ich fühle mich in meinem jetzigen Leben allgemein frei und unabhängig.

1	2	3	4	5	6	7	8	X	10

Antwort: 9

Du befindest dich im grünen Bereich. Bewertung 9 bedarf vorerst keiner weiteren Aufmerksamkeit.

Du hast dich mit den Impulsen beschäftigt? Sie nun durchgearbeitet? Du hast sie dir auch notiert. Vielleicht auch noch ein paar Gedanken? Das ist gut so! Die Schatzheberin ist sich bewusst, dass der untere Teil des Eisbergs immer größer wird, wenn die Themen brachliegen. Sie wird die Therapeutin ihres Vertrauens aufsuchen und mit ihrer Hilfe diesen Themen zu Leibe rücken.

Das Thema Lebensbilanz ist buchfüllend und wir könnten uns lange hier miteinander aufhalten. Hier in diesem Buch allerdings soll diese innere Inventur lediglich einen Streifzug darstellen, um Themen aufzugreifen, die aktuell gerade dein Leben durcheinanderbringen. Die verantwortungsvolle Schatzheberin wird diese achtsam mit einem Menschen ihres Vertrauens oder Therapeutin wieder ins Gleichgewicht bringen.

Tipp

Rat'*schläge*' erschlagen immer. Wenn nun eine Frau in einem Frauenkreis um Hilfe bittet, finden sich erfahrungsgemäß sofort -zig Frauen, die Ratschläge und gute Tipps für sie bereit haben. Häufig wird dann die arme Frau auch förmlich niedergeredet, um ihr zu sagen, was sie jetzt tun oder nicht tun soll.

Die Schatzheberin ist anders. Sie gibt den Frauen Raum um eine eigene, gute Lösung zu finden. Sie bremst liebevoll, aber bestimmt die anderen Frauen im Frauenkreis aus. Lenkt die Aufmerksamkeit wieder auf die Fragestellerin. Respektvoll bittet sie die Frauen um Ruhe und darum, achtsam mit dem Thema der Frau umzugehen. Auf Ratschläge zu verzichten, sollte ein ethischer Bestandteil des Regelwerks deiner Frauenkreise sein. Die Schatzheberin bereitet den Raum der Stille vor. Sie lässt die Frau erzählen und hört ihr aufmerksam mit dem Herzen zu. Wenn frau eine Pause macht, lässt sie ihr den kurzen Moment der Stille. Sie weist auch die anwesenden Frauen an, diese Stille zuzulassen. Ein wortleerer Raum darf auch mal so bleiben, muss nicht immer mit Worten gefüllt werden. Die Stille nach der Erzählung lässt frau Platz, um ihre Gedanken zu ordnen oder auch, um sich gut hinein spüren zu können. Manchmal hilft sie auch mit Fragen, um Impulse auszulösen. Die Schatzheberin verwendet diese Formulierungen:

- Wie geht es dir damit, wenn du daran denkst, dass dein Kind, dein Mann, deine Freundin...?
- Wie, denkst du, fühlst sich dein Kind, dein Mann, deine Freundin ... hier?
- Wie würde es sich anfühlen, wenn du ... tust?

- Wie würde es sich anfühlen, wenn du ... nicht tust?
- Was wäre das Schlimmste, was in dieser Situation passieren kann?
- Was wäre das Beste, was in dieser Situation passieren kann?

Fazit

Ich hoffe, du bist gut durch das Kapitel gekommen. Verständlicherweise wühlt eine Konfrontation mit einem rumpeligen Thema immer auf. Das soll auch so sein. Es zeigt uns, dass es hier noch etwas zu tun gibt.

Die Schatzheberin greift das Thema mutig auf und wird es zum rechten Zeitpunkt betrachten. Ach ja, es muss auch nicht immer alles sofort bearbeitet werden. Bewusst erkannte Themen werden allein schon durch das Erkennen kleiner. In Eigenverantwortung entscheidet die Schatzheberin selbst, ob sie das Thema oder die Situation mit eigenen Methoden erlöst oder sich vertrauensvoll in die Hände einer erfahrenen Therapeutin oder eines erfahrenen Therapeuten begibt. Bist du bereit für deine Weiterreise? Dann lade ich dich ein, einen Blick in deinen inneren Motorraum zu werfen.

1.2. Wie du deine eigenen Schätze erkennst

Die Motivation um das Bedürfnis, Frauenkreise zu leiten, ist oft schwer zu benennen. Häufig fühlen sich die Frauen „gerufen". Gerufen, Frauen zu stützen und stark zu machen. Einen geschützten Raum des Austausches und der Stille zu bieten. Einen Raum, um zur Ruhe zu kommen. Immer stärker wird der Drang, Frauen zu ihrer Essenz zu führen. Sie zu lehren, sich ihrer Intuition vertrauensvoll hinzugeben. Sie zu lehren, sich selbst zu achten, zu lieben und wertzuschätzen. Frauen in die Heilung zu bringen. Uraltes Wissen würde aussterben, würde es Frauenkreise nicht geben. Magie, Rituale und altes Kräuterwissen bedürfen der Frauenkreise, um dieses Wissen weiterzugeben. Letztendlich stärkt jeder einzelne Frauenkreis die kollektive weibliche Energie dieses Universums. Was spricht denn die Schatzheberin in dir? Welche Motivation ist denn die deine? Welche Schätze kannst du mit deinem Wesen anbieten? Wie möchtest du denn die Frauenkreise führen? Hast du dir hierzu schon Gedanken gemacht?

Welche weiblichen Stärken sind deine? Ich möchte dir mit den 13 wundervollen weiblichen Archetypinnen, nach Elisabeth Davis & Carol Leonard (siehe Literaturliste im Anhang) Impulse geben. Analog zu den Lebensphasen einer Frau und den Jahreszyklen, sprechen wir hier von den Anteilen der Tochter, der Jungfrau, der Blutschwester, der Geliebten, der Mutter, der Hebamme, der Amazone, der Matrone, der Priesterin, der Zauberin, der weisen Alten und der dunklen Mutter. Allein aus diesem Konzept der Archetypen ließ sich ein ganzer Jahreskreis gestalten. Im Anhang findest du den Literaturhinweis dazu.

Bitte denk daran, dass jede meiner nun folgenden Typisierung weit entfernt von Vollständigkeit ist. Möglicherweise spricht dich keiner der Anteile an? Vielleicht fühlst du dich aber schon beim Überfliegen der Fragen zu einer bestimmten Typin hingezogen? Oder du möchtest einfach in jede Fragestellung hineinspüren. Aber lass dich jetzt einfach mal entführen in diese Welt der magischen Frauen. Lass dir Zeit. Es ist ein Prozess. Möglicherweise „weißt“ du erst am Ende des Buches, welcher Anteil am stärksten rausdrängt. Alles ist richtig. Vertraue deinem Gefühl oder deinem ersten Impuls.

Eine Schatzheberin, die bedacht Frauen stärkt und fördert: ***Die Mutter***

Das große Thema hier ist Fürsorge. Du möchtest deine Schützlinge gut auf ihren Weg bringen. Ihnen behilflich sein, aus Achterbahn-Situationen raus zu kommen. Du möchtest sie behüten und zu ihrer Essenz führen. Ihnen ihren Weg schmackhaft machen, wenn er noch unbekannt ist.

Es ist der Weg der Hingabe, aber auch der Kontrolle. Nur die Mutter kennt die bedingungslose Liebe zu ihren Kindern, die in der Hingabe mündet. Du beobachtest und versuchst zu erkennen, was das Beste für deine Kinder (dein Projekt, dein Konzept, deinen Plan) ist. Du forderst und förderst, um das Kostbarste aus deinem Kind, deinem Schützling zu formen. Dies alles berührt dich selbst bis in deine Tiefen. So wie sich die Frauen unter deiner Fürsorge weiterentwickeln, ist es für dich ebenso ein Weg der Veränderung. Aber auch der Typ der Hebamme ist ein nährender Archetyp. Die Hebamme fördert und unterstützt Frauen in ihrer Entwicklung. Sie ist achtsam an deiner Seite, beobachtet die Wehentätigkeit. Sie steht dir bei und ist zur Stelle, wenn die Geburt naht. Ihre Aufgabe ist es, dich bei der Geburt zu unterstützen. Beide Archetypen helfen uns fürsorglich, über eine Schwelle zu treten. Sie helfen uns, neu geboren zu werden.

Als Frau fühlst du dich bei einer Mutter/Hebamme-Schatzheberin wie in einem Nestchen aufgehoben und genährt. Du weißt, sie wird das Beste in dir zu Tage bringen. Du kannst ihr bedingungslos vertrauen. Sie wird sich fürsorglich um dein Wohl und deine Entwicklung kümmern. Ihre Sprache ist achtsam. Deine Entwicklung und dein Wohlergehen sind ihr gleichermaßen ein Anliegen.

Es ist ein **Grenzgang** zwischen Fürsorge und Loslassen. Zwischen Hand halten und rechtzeitig der Eigenverantwortung übergeben. Mache dir bewusst, dass es eine Zeit gibt, in der du deinen Schützling im Nest behältst. Dann eine Zeit, in der du ihn aus dem Nest schubst. Möglicherweise wird manchmal gegen die Entwicklung und zu Gunsten des Wohlbefindens der Frau entschieden.

Eine Schatzheberin, die in aller Klarheit die Zügel in der Hand hält: ***Die Matrone***

Autonomie und Autorität sind Qualitäten, die dir bekannt und vertraut sind? Dann bist du eine Matrone-Schatzheberin. Du besitzt eine natürliche Führungsqualität. Es ist nicht mehr nötig in Konkurrenz zu treten oder das letzte Wort zu haben. Da es die Zeit der Ernte ist und eine Zeit der Vorbereitung zur Priesterin, tritt ein Wettstreiten in den Hintergrund. Mit der Ernte gilt es aber auch, diese zu teilen. Diese Schatzheberin teilt nun ihr gesammeltes, weltliches Wissen auf eine gereifte Art und Weise. Auf eine klare Art und Weise. Zum Wohle des großen Ganzen. Sie kennt ihren angestammten Platz als Oberhaupt ihrer Familie oder einer Gruppe. Kraft ihrer Führungsqualitäten und ihrer Weisheit strebt sie nach Verantwortung. Die ihr zusteht. Sie hat nämlich viel zu sagen. Die Matrone wird wie eine Großmutter auf ihre Frauen achten, aber sie weiß auch um die Verantwortung für ihre Gruppe. Gilt es die Gruppe zu schützen, wird sie im Zweifelsfalle auch für die Gruppe oder das große Ganze entscheiden. Ihre Kommunikation ist gütig und klar.

Als Frau fühlst du dich bei der Matrone-Schatzheberin wie im Schoss der Großmutter. Du achtest und respektierst sie als Oberhaupt. Du schätzt sie für ihren großen Erfahrungsschatz, der aus dem Leben gewonnen ist. Du weißt, du kannst sehr viel von ihr lernen. Sie führt mit liebevoller Strenge, das ist dir bewusst. Ihre klare Sprache ist oftmals nicht angenehm. Du weißt auch, dass du manchmal für die Sache oder das große Ganze zurücktreten darfst. Gewiss ist, dass du damit ebenso auf dem Weg der Matrone bist.

Der **Grenzgang** findet hierbei statt im Schattenthema Macht und Autorität. Erkenne, dass Führung aus der Größe des Erfahrungsschatzes heraus die Matrone zum wahren Oberhaupt macht. Eine reine Recht-Haberin wird scheitern. Ebenso wenn der Anspruch „alles zu wissen" kippt. Mache dir immer neu bewusst, dass trotz Lebenserfahrung „all das Wissen" aus göttlicher Quelle stammt.

Eine Schatzheberin der großen Mysterien und des alten Wissens: ***Die Priesterin***

Sie ist sehr offen für zeremonielle und rituelle Praktiken. Sie verwendet geweihte Objekte für ihre Arbeit. Sie braucht ebenso die Unterstützung von Frauen, die Erfahrungen auf dem spirituellen Weg gemeinsam machen. Sie ruft Frauen um den Beginn der Menopause herum, aber es kann auch sein, dass eine junge Frau den Sprung zur alten Weisheit der Priesterinnen macht. Es ist eine Zeit der seelischen Innenschau. Die tiefe Sehnsucht nach spiritueller Erfahrung findet Antworten im geschützten Kreis gleichgesinnter Frauen. Die Priesterin-Schatzheberin führt ihren Frauenkreis demokratisch. Sie steht mit ihren Blutschwestern auf einer Ebene. Sie teilen Erfahrungen. Es geht ihnen um Entwicklung und um das uralte magische Wissen. Sie ist naturverbunden und weiß um die universellen Zusammenhänge. Sie zweifelt nichts mehr an und gibt sich diesem Wissen hin. Demütig und widerstandslos.

Als Frau fühlst du dich gleichwertig in der Gruppe der Blutschwestern angenommen. Eine für alle. Alle für eine. Gemeinsam unterstützen sie sich auf dem spirituellen Weg und helfen einander, alte Verhaltensmuster aufzudecken. Wenn du ein klares und schwesterliches Feedback wünschst, dann erbittest du es von einer Priesterin. Angebunden an das universelle Wissen, wird sie es dir mit klaren Worten wiedergeben. Es wird die Essenz, nicht der Schongang sein.

Der **Grenzgang bzw. das Schattenthema** findet sich hier, ähnlich wie bei der Matrone, im weltlichen Anspruch alles zu wissen. Mach-dir bewusst, dass alle Weisheit aus der göttlichen Quelle stammt. Ebenso darf die Führung und Leitung des Frauenkreises nicht zu Gunsten der Blutschwesternschaft abgeben werden. Eine Sache ist es, sich vertrauensvoll in die Hände der Schwestern zu geben. Eine andere, das Ziel und die Führung in der Hand zu behalten.

Die Schatzheberin, die Heilung bringt:
Die Zauberin oder die Heilerin

Die Zauberin oder auch die Heilerin ist die wahren Alchemistin unter den Archetypinnen. Obwohl ihr das Fürsorgliche der Mutter-Archetypin fehlt, ist es doch jener Anteil, der sich der bedingungslosen Liebe verschrieben hat. Der bedingungslosen Liebe zu allem was ist. Sie kennt die Mysterien ähnlich wie die Priesterin. Doch, während die Priesterin sich der spirituellen Ausrichtung verschrieben hat, richtet sich der Blick der Zauberin stark auf den Heilungsprozess. Die Zauberin ist die Tiefseetaucherin unter den Archetypinnen. Sie gibt sich nicht mit dem weltlichen Geplänkel zufrieden. Sie möchte in die Tiefe gehen. Die Ursache herausfinden. Heilung bewirken. Im Einklang mit der Zauberin in uns, wissen wir um die Alchemie des Lebens. Die Heilerin weiß darum, dass der Tod zum Leben gehört. Es muss zu Ende gehen, um neu geboren zu werden. Wir müssen sterben um neu zu werden.

Als Frau fühlst du dich zur Zauberin magisch hingezogen. Zu ihren Fähigkeiten und ihrer charismatischen Person. Du bist fasziniert von ihrer Klarheit, ihrem Fokus und ihren Kräften. Heilungsprozesse mit der Zauberin erinnern an eine mehrstündige 90-Grad-Wäsche mit anschließendem Schleudergang. Kein Stein bleibt auf dem anderen. Doch du weißt, zum Schluss bist du wie neugeboren.

Der **Grenzgang** in der Arbeit der Zauberin ist einerseits die Magie selbst. Andererseits der schmale Grat, ob Heilung wirklich im Sinne aller ist oder ob der Schmerz die Frau noch ein Weilchen begleiten darf. Mach dir bewusst, dass sich diese Frage bei jeder Klientin, bei jeder Frau neu stellt.

Die Schatzheberin, die Friede und Gelassenheit bringt:
Die weise Alte

Herausragend sind ihre Ruhe und Gelassenheit. Sie ist in Frieden mit sich selbst. Es ist eine Phase des Rückzugs, doch gibt es auch einiges zu erledigen. Sie kümmert sich um die ihr Nahestehenden, um die Gemeinschaft. Doch nicht mehr wie früher als Mutter und Ernährerin, sondern eher in ihrer passiven Form. Sie ist fürsorglich und nährt die Menschen, aber mit der Weisheit des Lebens. Sie lehrt uns mit Humor. Der Schalk sitzt in ihren gütigen und weisen Augen. Sie erzählt Geschichten. Sie erteilt uns ihren Rat, indem sie sich selbst zum Vorbild macht.

Allerdings wird sie nicht aufdringlich sein. Überhörst du ihren leisen Ruf, kann sie getrost warten. Es lohnt sich, der weisen Alten aufmerksam zuzuhören und darauf zu achten, welche ihrer Geschichten in dir nachklingt. Schaffen wir es, auf eine beunruhigende Situation auch mit Humor zu reagieren, haben wir die weise Alte in uns.

Als Frau fühlst du dich bei der weisen Alten umfangen von einer liebevollen Großmutter. Sie wird keine großen Reden schwingen. Sie ist die beste Zuhörerin und kann geduldig zuschauen, wenn wir selbst unsere Erfahrungen machen (müssen). Laufen wir dann in unsere eigene Falle, kann sie köstlich lachen. Dies ist der größte Lernerfolg für uns und nimmt die Schwere von so mancher Lernerfahrung.

Die weise Alte webt schon den Faden ihres bevorstehenden Überganges. Ein **Grenzgang** bei dem die Gefahr besteht, sich in der Endlichkeit zu verlieren. Mach dir bewusst, dass diese typische Gelassenheit und Ruhe der weisen Alten aus dem herannahenden Ende geboren ist.

Der Streifzug durch die Archetypinnen endet nun hier. Wo findest du dich denn wieder? Dich haben ein oder zwei Archetypinnen stärken angesprochen? Sehr wahrscheinlich ist, dass du den inneren Antrieb von mehreren Archetypinnen in dir trägst. Mach doch eine kleine Pause und lass diese Anteile noch ein bisschen wirken. Vielleicht vermischt sich auch die Motivation einer Archetypin mit der Art und Weise der Führungsqualität eines anderen Anteils? Es lohnt sich ein darüber nachzuspüren, welche Archetypen in dir warten, um geweckt zu werden. Noch eines: Ich habe in den zwei Jahrzehnten meiner Lehrtätigkeit in meinen Seminaren und Frauenkreisen unglaublich viele starke Matronen, Zauberinnen und Priesterinnen gesehen. Du bist ganz sicher eine davon!

Die folgende Meditation hilft dir DEINE Schätze als Schatzheberin wahrzunehmen und zu erkennen. Nimm dir die Zeit, um diesen unendlich großartigen Schatz zu heben.

Übung

Nimm dir ein wenig Zeit für dich. Setz dich gemütlich an einen Ort, wo du ungestört bist. Lege dir dein Schatzheberinnen-Notizbuch bereit. Schließe die Augen. Ätherische Öle oder leichte Meditationsmusik helfen auch sehr gut in die Entspannung. Wenn du Musik zur Entspannung bevorzugst, achte darauf, dass es nur Instrumentalmusik ist. Musik mit Liedertexten lenkt meist inhaltlich ab. Mehr zur Anwendung von ätherischen Ölen und Musik findest du auch im Kapitel „Die Werkzeugkiste der Schatzheberin.“

Atme nun mehrmals in Ruhe ein und aus. Durch die Nase einatmen und durch den Mund wieder ausatmen. Diese einfache Atemtechnik führt dich in die Entspannung. Mehr dazu im Kapitel „Atmen und Meditation.“ Während du ruhig atmest, gehe gedanklich an einen Kraftplatz deiner Wahl. Dies kann im Wald sein, auf einer Lichtung, am Meer oder auch in deinem Haus. Wo immer auch du dich beschützt und in der Ruhe fühlst. Ist es anfangs noch schwierig, dann braucht es einfach ein bisschen länger. Sind es deine ersten Schritte in der Meditation, dann ist es jetzt eine gute Übung. Es kann sein, dass du Dinge klarsiehst. Es kann sein, dass du Bilder „spürst“. Oder hörst oder anders wahrnimmst. Werte nicht. Es ist – gerade im Meditationsprozess – wie es ist. Hast du Erfahrung in der Meditation, dann weißt du, wovon ich spreche. Im Kapitel „Atmen und Meditation“ gehe ich mehr auf die Techniken ein.

Setze dich nun (gedanklich) an deinen Kraftplatz. Wie sieht es dort aus? Wie riecht es dort? Stell dir vor, es sitzen Frauen aus deinem Frauenkreis um dich herum. Sie achten auf dich und sind gespannt, was nun kommt. Du fühlst dich gut. Du bist in der Ruhe. Dir ist bewusst, dass diese Frauen nur gekommen sind, weil du für sie ein Vorbild bist und sie deine Kraft und Stärke schätzen. Sie fühlen sich in deinem Kreis geborgen und möchten von dir lernen.

Richte die Aufmerksamkeit auf dich. Wie fühlst du dich? Welche deiner Stärken macht dich so anziehend für die Frauen? Was möchtest du ihnen geben? Wie möchtest du für sie da sein? Was genau macht dich so vorbildhaft für diese Frauen? Spielt Musik? Hörst du Naturgeräusche? Achte in diesem Bild auf alle Einzelheiten. Achte auch auf deine Kleidung, deine Wortwahl und deine Gesten. Lass dieses Bild noch ein bisschen laufen und beobachte, wie es sich entwikkelt. Wenn es für dich stimmig und klar ist, dann verabschiede dich von deinen Frauen. Bedanke dich und mach dich bereit aus der Meditation auszusteigen. Nimm noch ein paar tiefe Atemzüge. Beginn dich zu bewegen. Öffne die Augen.

Bleib noch ein wenig in der Ruhe und schreib dir deine Wahrnehmungen auf. Wie hast du dich gefühlt? Wie warst du gekleidet? Welche deiner Stärken machen dich so anziehend für die Frauen? Was möchtest du ihnen geben? Wie möchtest du für sie da sein? Was genau macht dich so vorbildhaft für diese Frauen? Zu welcher Archetypin fühlst du dich hingezogen. Oder sind es mehrere? Achte auch hier darauf, nicht zu werten. Deine Qualitäten machen dich einzigartig. Und was gibt es Feineres als eine gute Mischung aus Matrone und Mutter? Oder die alte Weise und die Heilerin?

Notiere hier deine Wahrnehmungen:

Fazit

Der Weg der Königin für alle Archetypinnen

Die Schatzheberin, unabhängig in welcher Qualität sie ihren Frauenkreis führt, weiß darum, dass nur frau selbst weiß, was das Beste für sie ist. Sie weiß, es gilt hier zurückzutreten und den Raum für diese Frau freizumachen. Sie bereitet in ihrer Qualität den Raum für Entwicklung. Dies wird die Priesterin anders aufbereiten als die Hebamme. Die weise Alte mit einer anderen Energie als die Matrone. Sie bietet Impulsfragen an, wenn der Prozess ins Stocken gerät. Sie bietet Stille an, wenn es Stille braucht. Sie bietet einen schützenden Rahmen. Sie spürt intuitiv die Grenze und fragt im Zweifelsfalle nochmal um Erlaubnis. Sie zeigt Mitgefühl. Allerdings weiß sie, dass körperlicher Beistand, wie eine Umarmung, oftmals Entwicklung verhindert.

Du bist nun in Kontakt mit den Anteilen deiner Schatzheberin. Genau diese Anteile, die dich einzigartig machen. Diese Anteile, die dich so besonders machen. Genieße sie und bade in ihnen. Sie machen dich magisch und charismatisch. Überlege dir, welche Kleidung, welcher Duft, welche Accessoires, welche Umgebung dich unterstützt. Achtung: Falls deine innere Kritikerin an dieser

Stelle versucht ist, in den Vergleich mit anderen Frauen zu gehen: Bleib standhaft. Erinnere dich an das wunderbare lila Veilchen. Du bist eine wunderschöne blaue Akelei, eine rote Rose oder ein berührend zarte orangefarbene Cosmea. Der Versuch anders zu sein, schwächt immer. Es geht jetzt darum mit deiner Einzigartigkeit stark zu sein. Soweit klar? Dann mach dich nun bereit für dein Wertesystem.

1.3. Was Werte bewirken und die Wertehaltung der Schatzheberin

Werte. Ein Wort, dass heutzutage mehr denn je in aller Munde ist. Ein System, das mehr als alles andere innere Denkprozesse bestimmt. Eine Haltung die – provokant gesagt – Krieg oder Frieden macht. Ich möchte diesem Thema daher mehr Zeit widmen. Als gewissenhafte Schatzheberin ist es unumgänglich, sich seiner eigenen Wertehaltung und deren Entstehung bewusst zu werden, da sie deine Motivation, deine Denkansätze, dein inneres Urteil – und letztendlich – dein inneres Schubladensystem bestimmt.

Es gibt begriffliche Definitionen von „Werten", die unser Verstand erfunden hat und die trotzdem schwer zu begreifen sind. Wir kommen ins Grübeln, wenn wir gefragt werden, welche Werte wir denn „haben". Aus meiner langjährigen Lehrtätigkeit kann ich sagen, dass kaum jemand spontan mehr als zwei bis drei seiner Werte nennen kann. Obwohl unser Wertesystem die Grundlage unserer Denkansätze, unserer Glaubensmuster und unserer Geisteshaltung ist und unsere Entscheidungen beeinflusst, sind wir es nicht gewohnt, uns damit zu befassen.

Schauen wir mal genau hin: Fundamentale Werte unserer Gesellschaft sind zum Beispiel Freiheit, Sicherheit, Demokratie, Gleichheit und Toleranz. Sie sind politisch relevant und sichern unsere Grundrechte. Oder? Wahrscheinlich würdest du das sofort unterschreiben. Doch obwohl Freiheit in der heutigen Zeit sofort in aller Munde ist, ist es doch ein sehr abstrakter Begriff. Freiheit von was? Freiheit für was? Freiheit, um was zu tun? Wieviel Freiheit braucht es, um sich frei zu fühlen? Freiheit und Sicherheit. Sind das nicht zwei Werte, die sich (scheinbar) wechselseitig ausschließen? Wenn ich in Sicherheit bin, kann ich gleichzeitig frei sein? Muss ich, um frei zu sein, meine Sicherheiten aufgeben? Wieviel Sicherheit benötigen wir als Gesellschaft um uns wirklich sicher zu fühlen? Toleranz. Wo beginnt die Toleranz und wo hört Toleranz auf? Fragen über Fragen.

Viele Werte sind religiösen oder christlichen Ursprungs und doch finden wir sie in der alltäglichen Wertehaltung. Ich spreche hier von Treue, Ehrlichkeit, Glaube, Liebe, Loyalität, Hoffnung, Nächstenliebe. Wie steht es mit der Ehrlichkeit? Wie ehrlich ist denn ehrlich genug? Ehrlichkeit und Loyalität werden häufig gemeinsam genannt. Ich hinterfrage provokant: Schließt Loyalität nicht Ehrlichkeit aus? Wie siehst du das? Wie steht es um Treue und Liebe? Auch ein Wertegefüge, das gemeinsam oft genannt wird. Was bedeutet aber Treue eigentlich? Hat es was mit Verlässlichkeit zu tun? Oder mit Beständigkeit? Oder eher mit Vertrauen? Muss man treu sein um zu lieben? Wie geht es dir mit diesen Begriffen? Zu den alltäglichen Werten darf ich noch Fleiß und Disziplin hinzufügen. Verlässlichkeit. Mir fallen da noch Selbstverwirklichung und Autonomie ein. Gesundheit, Image oder Ansehen, Wohlstand. Familie. Harmonie.

Das Wertegefüge eines liberalen Freidenkers könnte zum Beispiel so sein: Freiheit, Autonomie, Selbstbestimmung, Unabhängigkeit. Das eines konservativen Familienmenschen zum Beispiel: Sicherheit, Familie, Loyalität, Partnerschaft, Gesundheit. Das eines Tier- und Umweltschutz-Aktivisten zum Beispiel so: Gerechtigkeit, Umweltschutz, Nachhaltigkeit, Würde. Das eines spirituell lebenden Menschen eventuell so: Güte, Wertschätzung, Freude, Liebe, Vertrauen, persönliches Wachstum.

Wie geht es dir mit diesem Cluster? Fühlen wir uns mal ein: Wie erginge es dem liberalen Freidenker, wenn er mit einem Familien-Menschen über Vernunft oder Gehorsam spricht? Wie geht es dem Familien-Menschen in der Diskussion mit einem spirituell lebenden Menschen über Selbstverwirklichung, Gnade oder Demut. Spannend. Liebe Schatzheberin, bekommst du langsam ein Gefühl, warum wir uns diesem Thema so ausführlich widmen?

Wertewandel

Aber Werte sind auch wandelbar.[1] Wenn wir in der Geschichte zurückgehen, sehen wir, dass im Mittelalter zum Beispiel die höfische Ethik, Moral und Tugend, sowie die Ritterlichkeit eine große Rolle spielten. Gefragt waren Hingabe und Disziplin, sich in seine Bestimmung einzufügen. Egal ob Königin oder König, Rit-

1) https://www.romanherzoginstitut.de/fileadmin/user_upload/Publikationen/PDFs-Publikationen/RHI_Buch_Werte/RHI_Buch_Werte_1-1_Hradil.pdf

ter, Hofdame oder Knecht. Sei es von Geburt an, durch Knechtschaft oder Verheiratung. Freiheit, Autonomie und Selbstverwirklichung waren kein Thema. Einen weiteren fundamentalen Wertewandel gab es 1960/1970. Eine Abwendung von materiellen Werten fand statt. Ausgelöst durch mehr Sicherheit in einer Gesellschaft, die mehr und mehr zu Wohlstand kam. Wichtig wurden Werte wie Freiheit, Freude, Selbstbestimmung, Glück.

Aber Wertewandel findet auch im kleinsten System statt, so zum Beispiel beim Übergang von einer Lebensphase in die andere: Der jugendliche Teenager, dem noch vor Monaten die Freiheit und Selbstbestimmung über alles ging, findet sich seit einigen Wochen in einer sehr konservativen Partnerschaft. Nun geht es um Zweisamkeit. Partnerschaft. Treue. Eine reife Frau, deren Kinder ins Leben hinausmarschiert sind. Deren Leben bis dato geprägt war von Familie. Fleiß. Sicherheit. Struktur. Diese Werte finden sich nun im Niemandsland wieder. Jetzt sind (oder wären) Loslassen, Authentizität und Selbstverwirklichung ein (Lebensphasen-)Thema. Ein lieber Freund, damals überzeugter Single mit höchstem Wert „Freiheit", ist nun, nachdem er die Richtige kennengelernt hat, ein bekehrter Familienmensch. Familie, Sicherheit, Gemeinschaft sind nun seine Werte. Spannend, nicht wahr? Aber die Frage, die sich nun aufdrängt: Wie entstehen denn Werte überhaupt?[2]

Wir alle leben in einem System. Im System der Familie, von Freunden, Schule, Gruppen oder Gemeinschaften. Somit kommen wir schon in einem System mit einer bestimmten Wertehaltung zur Welt. Das Wertesystem der Familie ist geprägt von Geschichte, Herkunft, Ursprungsfamilie, Kultur und Religion. Da stekken wir nun mal drin. Im besten Fall entspricht diese Wertehaltung unserem Wesen. Dann ist es ein Segen. Doch ist es nicht oft so, dass sich ein Freidenker in einer eher konservativen Wertehaltung seiner Herkunftsfamilie verbiegt? Oder ein strukturierter Sicherheitsdenker in einer freigeistigen Familie? Was aber dann? Welcher Wert, welche Haltung ist richtig (für uns)? Schaffen wir es mit einer toleranten Lebenshaltung, friedlich nebeneinander zu leben?
Wie ergeht es dir in deinem Leben damit?

Was Werte bewirken und die Wertehaltung der Schatzheberin

Werte schweißen uns zusammen. Werte machen uns stark. Werte formen Ge-

2) https://www.youtube.com/watch?v=lrh32N7G3ag

sellschaften. Werte halten Gemeinschaften zusammen. Werte können aber auch zerstören. Sie zerstören, wenn wir unsere Werte als allgemein herrschend betrachten und nichts anderes gelten lassen. Sie zerstören, wenn wir die Werte einer ganzen Kultur als geringer einschätzen als unsere eigenen.

Wie ist denn nun die Wertehaltung einer Schatzheberin? Tja, das ist ganz einfach. Die Schatzheberin ist, wie sie ist. Ganz einfach. Sie hat sich ihr Wertesystem angesehen und ist sich bewusst, dass diese Werte ihren Wurzeln und ihrer Herkunft entspringen und ihr Leben, ihre Lebensumstände und ihre Entscheidungen bestimmen. Sie bestimmen auch ihre Urteile und Einwände. Das hat sie erkannt. Sie ist sich bewusst, dass der Austausch mit jemandem, der ähnliche Werte hat, möglicherweise ein sehr harmonischer ist, da man ja Großteils übereinstimmt. Hingegen ist die Diskussion mit einem Menschen mit einer völlig konträren Wertehaltung eine mit Widersprüchen und eher schwierig, oder?

Tipp

Eine gute Lösung könnte hier zum Beispiel sein: „Es kann sein, dass man darin übereinstimmt, dass man nicht übereinstimmt." Um mit der unglaublichen Vera F. Birkenbihl zu sprechen. „Jeder von uns lebt in seiner eigenen Kommunikationsinsel", sagte sie. „In der ‚Zweinigung' [3] hat jeder ein Recht auf Beibehaltung seiner Insel".

Dies ist der Weg der Wertschätzung und des Respekts den Werten der anderen Person gegenüber. Aber liebe Schatzheberin, lass uns nun von der Theorie ein bisschen in die Praxis gehen. Natürlich habe ich auch zu diesem Thema eine kleine Impuls-Arbeit für dich vorbereitet.

Übung

Hier findest du Beispiele für Werte. Nimm dir hierfür Zeit, in der du ungestört bist. Mach es dir auch hier gemütlich.

Schritt 1: Wähle nun aus diesen Vorschlägen sieben Werte aus, die dir entsprechen. Wenn es dir aufgrund der Fülle zu schwierig ist, kannst du auch im Ausschluss-Verfahren die Werte durcharbeiten. Das bedeutet, du streichst vorerst die Werte raus, die nicht passen, solange, bis DEINE übrig bleiben.

Optimismus	Weisheit	Authentizität
Mitgefühl	Aktivität	Güte
Solidarität	Würde	Toleranz
Tüchtigkeit	Gemütlichkeit	Effektivität
Liebenswürdigkeit	Sorgfalt	Freundschaft
Aufmerksamkeit	Liebe	Realismus
Wachsamkeit	Anerkennung	Nachhaltigkeit
Sicherheit	Minimalismus	Akzeptanz
Gesundheit	Sauberkeit	Frieden
Dankbarkeit	Wohlstand	Zuneigung
Weisheit	Innovation	Freiheit
Gelassenheit	Liebe	Rücksichtnahme
Wille	Selbstvertrauen	Entscheidungsfreude
Mut	Präsenz	Zufriedenheit
Abenteuer	Zuversicht	Gerechtigkeit
Transparenz	Sparsamkeit	Leichtigkeit
Fröhlichkeit	Großzügigkeit	Ehrlichkeit
Fantasie	Loyalität	Glaubwürdigkeit
Wohlstand	Verlässlichkeit	Nähe
Verantwortung	Humor	Leidenschaft

Schritt 2: Im zweiten Schritt überlegst du dir, welche dieser Werte du auch lebst und in deinen Alltag und in deine Entscheidungen bringst.

Schritt 3: Eine weitere Frage hier ist: Kannst du diesen Wert auch anderen zugestehen?

Offenheit	Selbstdisziplin
Demut	Besonnenheit
Respekt	Weitsicht
Ordnung	Disziplin
Besonnenheit	Teamgeist
Sympathie	Glück
Ruhe	Vertrauen
Zuversicht	Stabilität
Neutralität	Gemeinschaft
Geduld	Ausgeglichenheit
Tradition	Spiritualität
Balance	Kontrolle
Treue	Fairness
Empathie	Austausch
Präzision	Sanftmut
Rücksichtnahme	Erfolg
Kreativität	Achtsamkeit
Ästhetik	Spaß
Hilfsbereitschaft	Wissen
Einfachheit	Mitgefühl

Beispiel 1:

Einer deiner wichtigsten Werte ist Toleranz. Du hast dir dein Leben soweit gut eingerichtet, dass du ein tolerantes Umfeld für dich geschaffen hast (Schritt 2). Wie steht es zum Beispiel mit Toleranz, wenn es an deiner Komfortzone rüttelt oder an deinen Grenzen knabbert (Schritt 3)?

Beispiel 2:
Ist einer deiner wichtigsten Werte zum Beispiel Freiheit und du lebst eingeklemmt zwischen Verpflichtung und Alltag, dann könnte der nächste Schritt sein, diesen Wert mit kleinen Schritten in das tägliche Leben einzubringen.

Eine andere Möglichkeit ist, dass Struktur und Fleiß hohe Werte in deinem Leben sind, du allerdings in ein chaotisches Umfeld eingebuden bist. Die Frage ist, wie kannst du hier deinen Werten gemäß Veränderung für dich bewirken oder in Frieden mit deinem Umfeld leben?

Bitte notiere dir in dein Schatzheberinnen-Notizbuch:

Das sind MEINE Werte:

Diese Werte lebe ich schon in meinem täglichen Leben:

Diese Werte lebe ich schon, gestehe sie aber meinen Mitmenschen nicht zu:

Diese Werte sind mir wichtig, ich kann sie derzeit aber noch nicht leben:

Das ist der erste Schritt dazu:

Tipp

Fühlst du dich in der Wertehaltung deines gesellschaftlichen Systems eingeengt? Fühlen sich die Werte deiner Familie fremd an? Musst du in deiner Arbeit Entscheidungen treffen, mit denen du dich unwohl fühlst? Dann gibt es nur ein Allheil-Rezept: Schaue dir DEIN Wertesystem genau an. Mach es dir bewusst, was dir wichtig ist. Bewege dich in Gruppen und Gemeinschaften, die deiner Wertehaltung ähnlich sind UND lebe deine Werte auch. Sprich: gestehe diesen Wert auch anderen zu. Nimm bewusst das Wertegefüge wahr, welchem du dich kraft deines Freundeskreises, deines Vereins oder deiner Gruppe zugehörig fühlst. Lerne andere Werte einfach nur zu achten, ohne sie zu kommentieren. Spüre hinein, ob nicht auch diese Wertehaltung ein Teil von dir sein könnte. Die weise Schatzheberin ist sich jederzeit bewusst, dass jedes andere Wertesystem aus sich heraus geboren wird und seine Berechtigung hat.

1.4. Eine Entdeckungsreise durch das Straßengewirr deiner Ängste

Nun beginnt die letzte Etappe der innerlichen Inventur. Da dürfen natürlich unsere Ängste nicht fehlen. Oder die Angst hinter unseren Ängsten. Oder die Furcht. Oder die Ängstlichkeit. Aber beginnen wir von vorn:

Wir meiden Situationen, die uns Angst machen und „kämpfen" gegen unsere Ängste an. Das ist menschlich. Die Ängste zeigen sich uns in verschiedenen Alltagssituation und verbergen sich hinter verschiedenen Masken. Leider begegnen wir heutzutage Ängsten oftmals mit Medikamenten. Oder Alkohol und Drogen. Ob das sinnvoll ist? Hier findet lediglich eine Betäubung statt. Eine Betäubung, die auch unseren Lebenswillen und unsere Kraft nimmt. Können wir aber überhaupt ohne Angst leben? Ist es sinnvoll unsere Ängste zu meiden? Es tun sich Fragen über Fragen auf. Einerseits verzichten wir sehr gerne auf diese Bekanntschaft und andererseits suchen wir den Nervenkitzel mit Aktivitäten wie Achterbahn fahren oder bei Horrorfilmen. Somit begeben wir uns freiwillig in diesen Erregungszustand, den wir gleichzeitig vermeiden wollen? Kompliziert, nicht wahr?

Schauen wir einmal ganz genau hin. Also Angst ist ein Gefühlszustand, der eine bestimmte oder unbestimmte Bedrohung anzeigt. So grundsätzlich einmal. Aus diesem Gefühl heraus handeln wir. Also könnte man grundlegend sagen: Angst ist nutzbringend und kann sogar unser Leben verlängern, oder? Wir treten zum Beispiel die Flucht an. Gehen auf „Angriff" oder erstarren. Als „Angst vor dem Überfahren-werden" lässt sie uns rechtzeitig am Straßenrand stehenbleiben. Die Angst vor dem Prüfungsergebnis lässt uns lernen. Die Angst vor Mutters Zorn lässt uns unser Zimmer aufräumen. Die Angst im Gebirge abzustürzen, lässt uns auf dem Weg bleiben. Damit ist die Angst gleichzeitig ein Retter. Sind wir uns da bis jetzt einig? Obwohl die Wissenschaft hier noch nicht ganz rund ist und sich im Bereich der Angstforschung ein immer breiter werdendes Feld erstreckt. Eine andere Theorie besagt, dass erst die Angst es ermöglicht, uns anzupassen und für die Zukunft zu planen.[4] Also somit auch Denkprozesse anwirft und steuert. Aber wie sieht es mit der Furcht und der Ängstlichkeit aus? Ist es das Gleiche? Mir fällt da sofort die Furcht vor dem Zahnarzt und die Angst vor Krankheit ein. Oder die Angst vor Schlangen und die Furcht vor Krieg. Die Wissenschaft definiert Angst als eher diffus und nicht klar woher die Bedrohung kommt. Furcht hingegen als Reaktion einer unmittelbaren, klaren Bedrohung.[5] Warum wir hier so in die Tiefe gehen? Als kluge Schatzheberin ist es wichtig, zu erkennen und sich bewusst zu machen, ob es sich bei deiner Furcht oder deiner Angst um etwas Reales oder eine unbestimmte, diffuse Bedrohung handelt. Dasselbe gilt natürlich auch für deine Teilnehmerinnen. Den Ängsten und Befürchtungen deiner Frauen kannst du gut begegnen, wenn du für dich klar in diesen Definitionen unterscheiden kannst.

Wenn du von deinem Stromanbieter die letzte Mahnung erhalten hast, fürchtest du, dass dir der Strom abgedreht wird. Hier handelt es sich um eine reale „Bedrohung“. Zahlst du nicht, drehen die wirklich ab. Bist du oft knapp bei Kasse und hast du Angst, dass du deine Rechnungen nicht bezahlen kannst? Dann ist es – vorerst mal – eine eher diffuse Angst, der man näher auf den Grund gehen könnte. Hast du einen positiven Befund eines Facharztes in der Hand, fürchtest du zu Recht um deine Gesundheit. Andererseits: Fühlst du dich nicht wohl, hast du Angst krank zu sein. Erkennst du den Unterschied?

Wusstest du, dass das öffentliche Reden vor einer Menschenmenge die häufigste Angst der Menschen ist? Danach kommen gleich die Höhenangst und die Angst vor Geldmangel. Erst abgeschlagen auf Platz 6 kommt die Angst vor Krankheit und Tod.[6] Spannend, nicht wahr? Was können wir nun über diese Statistik sagen? Ich gedulde mich jetzt ein bisschen, weil ich es gern von dir hören möchte.

Genau! Ich wusste es, dass du es schon durchschaut hast. Bei all diesen Dingen handelt es sich um Ängste. Das heißt vorerst mal, nicht-konkretes, diffuses Bangen vor diesen Situationen.

4) Heinz W. Krohne: Psychologie der Angst. Kohlhammer, Stuttgart 2010, ISBN 978-3-17-020805-6

5) Die Konzepte Angst und Furcht (Rachmann, 2004): https://homepage.univie.ac.at/michael.trimmel/mot_emo2_2001/zoernpfennig.pdf

6) https://de.statista.com/statistik/daten/studie/258499/umfrage/die-haeufigsten-aengste-der-menschen/

Nehmen wir ein konkretes Beispiel. Ist es wirklich die Angst, öffentlich zu reden? Also was ist hier die „Angst hinter der Angst“? Was steckt dahinter? Könnte es nicht die Angst sein, den Text zu vergessen? Oder dass die Technik versagt? Oder dass du plötzlich nicht mehr weißt, wie es weitergeht? Oder dass du verbal angegriffen wirst? Die Angst hinter der Angst könnte zum Beispiel die Angst vor Beschämung oder Angst vor Blamage sein. Oder die Angst davor, für dumm gehalten zu werden. Verstehst du? Das bedeutet, unser Angst-Teufelchen in uns kreiert mit Freude Schreckensfantasien und immer Worst-Case-Szenarien. Und – das Angst-Teufelchen ist ziemlich kreativ.

Aber – wir sind mutig und haben jetzt gelernt, dass wir zwischen Angst (diffus) und Furcht (real) unterscheiden. Durch dieses Erkennen kann die Angst vielleicht sogar ein bisschen zu unserer Freundin werden. Nachdem wir mutiger und mutiger werden:

Wir als Schatzheberinnen sind ja Tiefseetaucherinnen. Somit gehen wir noch ein bisschen weiter und unterscheiden zwischen realen Lebensängsten, Handlungsängsten, Hilflosigkeitsängsten und phobischen Ängsten.[7] Lass uns jetzt mal gleich den Sprung in die Tiefe wagen:

Reale Ängste

Diese Ängste beziehen sich auf reale (existenzielle) Lebenssituationen. Existenzielle Ängste wie die vor Tod, Schmerzen oder Krankheit. Die Angst vor dem Verlust der finanziellen Sicherheit gehört dazu und die Angst vor dem Altern. Die Angst vor der Endlichkeit des Lebens. Dem „Aus“ des Lebens, unserer Gesundheit, der finanziellen Sicherheit.

> *Heilung:* Heilung bringt allein die Akzeptanz, dass diese Ängste menschlich und ein Bestandteil unseres Lebens sind. Sie begleiten uns durch unser Leben und zeigen uns, ob wir gut verwurzelt sind. Je mehr uns diese Ängste aus der Bahn werfen, desto mehr verlangt es nach unserer Mitte. Nach Hingabe an die Weisheit des Lebens. Aber ich weiß, das geschriebene Wort ist ja geduldig. Merkst du, dass dich diese Ängste beuteln, dann mach dir wieder bewusst, dass es gut ist, im Moment zu sein. Die Angst hält dich in der Zukunft oder in der Vergangenheit.

7) Quelle: aus Umarme deine Angst, Gina Kaestele, Herder Spektrum (siehe auch Literaturverzeichnis)

So verpasst du in Wahrheit den Moment und das Leben. Mach dir den (schönen) Moment bewusst. Sei dankbar, dass du genau diesen Moment jetzt erleben darfst. Richte die Aufmerksamkeit verstärkt auf die schönen und guten Dinge in deinem Leben.

Der Weg der Schatzheberin: Sie ist sich bewusst, dass wir Menschen endlich und somit sterblich sind. Das gehört zu unserem Leben, sobald wir den ersten Atemzug getan haben. Hingabe an die Endlichkeit. Dies ist ihr Bewusstsein. Aber auch, dass die Seele unsterblich ist. Sie weiß, dass sie mit jedem dankbaren Gedanken und mit jeder bewussten Ausrichtung auf die Geschenke des Lebens der Angst die Macht nimmt.

Handlungsängste

Diese Ängste tauchen auf, wenn Menschen vor Entscheidungen, Aufgaben oder Veränderungen stehen, die in ihrem Leben von Bedeutung sind. Die Bandbreite ist hier groß. Die Entscheidung für einen Umzug in ein anderes Stadtgebiet oder eine andere Region. Oder vielleicht sogar ein anderes Land. Die Wahl der Schule für deine Kinder. Eine berufliche, branchenfremde Veränderung. Eine Urlaubsreise in ein fremdes Land. Eine Prüfung. Einem fällt es leicht, wegen eines Berufswechsels auf einen anderen Kontinent zu ziehen. Der andere kann sich ein halbes Jahr nicht für ein neues Auto entscheiden. Ein Urteil ist hier nicht erlaubt. Was dem einen leichtfällt, fällt dem anderen schwer. Und umgekehrt. Meine Freundin zieht mit Leichtigkeit vom Norden Europas in den Süden. Eine andere Freundin hat unglaubliche Schwierigkeiten damit, sich auf die (richtige?!) Schule für ihre Kinder festzulegen.

Heilung: Wieder ist zu sagen, Heilung bringt allein die Akzeptanz, dass diese Ängste menschlich sind. Umarme diese Angst. Du darfst dabei zittern, aber umarme sie. Du wirst sehen, dass dies sofort Erleichterung bringt. Sie zeigt dir Entwicklungspotenzial auf. Mut um ausgetretene Bahnen zu verlassen. Kraft um Ballast loszulassen und um Veränderung und Neues nicht mit Furcht zu betrachten, sondern mit Neugierde. Das Wesentlichste ist: Im Gegensatz zu den realen Ängsten kannst du auf die Handlungsängste Einfluss nehmen.

Der Weg der Schatzheberin: Sie ist sich bewusst, dass Angst vor Neuem ebenso zu unserem Leben gehört wie Dinge, die uns unbekannt sind. Sie sind Bestandteil unserer Lebensphasen. Für die Schatzheberin hat jede „Angst" den gleichen Wert. Sie urteilt nicht in „leicht" und „schwer". Sie bietet den Raum, um diese Ängste anzusprechen und bietet gleichzeitig Impulse, um in die Handlung, in die Aktion zu kommen. Sie stärkt und bestärkt die eigene Problemlöse-Fähigkeit.

Hilflosigkeitsängste

Die weitaus komplexeren Ängste sind Hilflosigkeitsängste. Sie sind nur schwer zu benennen, haben viele Auslöser und können in jeder Situation auftreten. Der Punkt ist, dass die Ursache innerlich ist, diese Ängste jedoch erheblich den Handlungsspielraum und somit unsere Lebensgestaltung einschränken. Wir trauen uns Dinge dann nicht mehr zu tun. Es gibt eine Vielzahl von Ursachen. Häufig liegen die Wurzeln in unserer Kindheit, in traumatischen Erfahrungen, unschönen Erlebnissen. Um Beispiele zu nennen:

- Ein Bewerbungsgespräch. Du bist total gut vorbereitet und fähig, diese Position gut auszufüllen. Alles läuft gut, bis der Satz fällt: „Ihr Vorgänger hatte jahrelange Erfahrung...". Dieser harmlose Satz hebelt dich komplett aus, du fühlst dich – weil wenig praktische Erfahrung – plötzlich nicht mehr fähig. Deine Körpersprache zeigt deine ganze Unsicherheit. Deine Sicherheit ob deiner anderen Fähigkeiten ist wie weggeblasen. Ganz egal, wie gut deine Vorbildung ist, wie gut du vorbereitet bist, es hilft nix mehr. Das Angst-Teufelchen hat ganze Arbeit geleistet.

- Ein Frauenkreis. In einem deiner ersten Frauenkreise stellen sich die Frauen vor und erzählen von ihren Vorerfahrungen mit diesen Zusammenkünften. Du fühlst dich sicher und bist inhaltlich gut vorbereitet. Plötzlich erwähnt eine Frau, wie toll die Frauenkreisleiterin beim letzten Frauenkreis in Musterstadt war. Sie war schon lange Jahre in diesem Bereich und ihre Abende waren unglaublich. Bis dahin warst du sicher und im Vertrauen. Mit diesem Satz ist alles wie weggeblasen. Werde ich genügen? Kann ich das eigentlich wirklich?

Auch Ängste im sozialen Beisammensein gehören dazu. Der (inhaltlich unwichtige) Konflikt mit einer Kollegin (Angst vor Ablehnung). Die erste Bitte nach einem Kommitment in einer bisher losen, aber romantischen Verliebtheit (Bindungsangst). All diese Dinge können uns in ein Wirrwarr der Hilflosigkeit und

Unsicherheit stürzen. Wir sehen vor Bäumen den Wald nicht mehr. Aber die gute Nachricht ist auch hier: es ist lösbar.

Heilung: Auch hier geht der Weg der Heilung über die Akzeptanz, dass diese Ängste mehr als menschlich sind. Das sie alle Menschen betreffen. Da nicht die Fakten im Vordergrund stehen, sondern das innere Gefühl der Hilflosigkeit, macht es keinen Sinn, Argumente aufzuzählen. Diese rauschen ins Leere. Zu dem ersten Beispiel: Hier hilft es wenig, dem Bewerber seine Stärken und Fähigkeiten vorzubeten. Hier gilt es, den Auslöser und die Ursache aufzuspüren. Sich mehr mit dem eigenen Potenzial zu beschäftigen.

Der Weg der Schatzheberin: Sie weiß darum, dass der erste Schritt die Einsicht ist. Sich dem hinzugeben, dass diese Unsicherheit jetzt Platz genommen hat und deine Aufmerksamkeit möchte. Im ersten Beispiel (als Bewerberin) könnte die Schatzheberin erwidern: „Jetzt machen Sie mich aber ganz schön unsicher. Ist diese Praxis sehr wichtig für diese Position?“. Gibst du der Unsicherheit den Raum, wird sie sich auflösen. Innere Gespräche helfen. Sage innerlich zu dir: „Danke, dass du dich zeigst.“ Du kannst auch ein Zwiegespräch mit diesem inneren Anteil führen: „Was möchtest du mir denn zeigen?“ oder „Ah, danke für den Hinweis. Genau das werde ich nun ansprechen.“ Auch hier gilt: Umarme die Angst. Mache sie zu deiner Freundin. Spreche sie an und aus. Auf dass sich Frauen an dir ein Vorbild nehmen, den Mut gewinnen, Unsicherheit auszusprechen. Es zeugt von Stärke und Integrität. Du stehst zu dir und deinem Wesen. Sofern sich diese Unsicherheit nochmal zeigt, könnte der nächste Schritt sein, mit einer vertrauten Person der Ursache auf die Spur zu kommen.

Phobische Ängste

Phobien sind Ängste, die sich auf Gegenstände und Örtlichkeiten beziehen. Spinnen, Schlangen, Aufzüge, große Plätze, Höhen, geschlossene Räume, Dunkelheit, Gewitter, um nur einige aufzuzählen. Alles Gegenstände oder Situationen, die (zumindest in unseren Breiten) harmlos sind. Derjenige, der darunter leidet, kann seine Angst ganz konkret benennen. Er weiß auch, dass das, vor dem er Angst hat, keine reale Bedrohung darstellt. Trotzdem zeigt sich diese Angst in körperlichen Reaktionen bis hin zu Panikattacken.

Auch Phobien haben innere Ursachen und weitreichende Konsequenzen. Aus psychologischer Sicht findet hier eine Verschiebung von diffusen Ängsten auf konkrete Situationen und Gegenstände statt.

> *Heilung:* Der erste Schritt zur Heilung möge über das Bewusstsein stattfinden, dass Vermeidungsverhalten und der Rückzug aus dem Leben keine lebenswerte Lösung sind. Eine lebensbejahende Einstellung und Dankbarkeit für die Geschenke des Lebens sind unterstützende Einsichten. Ängste müssen nicht alleine bewältigt werden. Sich bei weiteren Schritten von einer geschulten Vertrauensperson, Therapeutin oder Psychiaterin begleiten zu lassen, zeugt von Verantwortung und Selbstliebe.
>
> *Der Weg der Schatzheberin:* Im Beisammensein mit Menschen, die unter Phobien leiden, wird die Schatzheberin einen sicheren, stressfreien und ruhigen Raum schaffen. Einen Raum, sich mitzuteilen, aber auch den Raum, die Ängste auch mal draußen zu lassen. Bei der Wahl der Werkzeuge wird die Schatzheberin achtsam auswählen und nur Methoden einsetzen, die die jeweilige Frau stärken. Sie wird ganz bewusst keine Werkzeuge einsetzen, die die jeweilige Angst auslösen (Weite, Enge, Düfte, Berührung).

Nun ist aber genug mit der Angst vor der Angst. Es ist für unseren eigenen Entwicklungsprozess wichtig, diese zu erkennen und zu lokalisieren. Ursachen auf die Spur zu kommen. Darüber zu sprechen. Uns eine veränderte Denkweise anzuschauen. Ist es für uns allein nicht bewältigbar, dann lassen wir uns begleiten. Jede Angst, die sich in Schall und Rauch auflöst, ist ein Meilenstein für unsere Entwicklung.

Für deine Arbeit als Leiterin von Frauenkreisen bedeutet dies, Angst oder Furcht zu sehen und erkennen. Situationsabhängig der Frau den Raum zu geben, darüber zu sprechen, oder auch anzubieten, die Angst mal „draußen" zu lassen. Es bedeutet, Impulse für veränderte oder neue Denkweisen zu geben. Impulse für lebensbejahende Sichtweisen. Es bedeutet aber auch, die unsichtbare Grenze des eigenen Verantwortungsbereiches nicht zu übertreten. Ein Zustand der Angst, der pathologischen Charakter annimmt oder die Gesundheit der Frau gefährdet, gehört in fachliche Hände von Psychotherapeutinnen oder Psychiaterinnen.

Tipp

Um Klarheit zu schaffen und leichte Ängste zu lokalisieren, bietet sich ein tolles Konzept an: „The Work“, erfunden von der US-amerikanischen Lehrerin Katie Byron.[8] Aufgrund eigener gesundheitlicher Probleme konzipierte sie diese tolle Methode.

Ein einfacher und klarer Prozess, um Verstrickungen auf die Spur zu kommen und somit besser mit stressvollen Situationen, Gedanken und Leid umzugehen. Ein bisschen anders als wir es normalerweise gewohnt sind. Aber sehr wirkungsvoll.

Die Fragen dazu lauten:

1. „Ist das wahr?“ (Ist das wirklich wahr?)
2. „Kannst du mit absoluter Sicherheit wissen, dass das wahr ist?“
3. „Was passiert, wenn du diesen Gedanken glaubst?“
4. „Wer wärst du ohne den Gedanken?“

Beispiel und ein (stark verkürzter) Auszug aus einem meiner Beratungsprotokolle: (Namen verändert)

Die Schatzheberin: „Sabine, ich nehme heute eine gewisse Schwere wahr. Was bedrückt dich denn?

Sabine: „Ich habe öfter Kopfschmerzen. Heute ist es wieder besonders schlimm. Ehrlich gesagt, habe ich Angst, schwer krank zu sein.“

Die Schatzheberin fragt: „Mhmmmm...Ist das wahr?“

Sabine: „Naja, die Kopfschmerzen sind wirklich schlimm, ich weiß nicht genau, wo das herkommt. Aber ob das jetzt wahr ist, weiß ich nicht.“

Die Schatzheberin: „Kannst du mit absoluter Sicherheit sagen, dass das wahr ist?“

Sabine: „Mmmh ... genau weiß ich es ja nicht.“

Die Schatzheberin: „Was passiert, wenn du diesen Gedanken glaubst, schwer krank zu sein?“

Sabine: „Ich fühle mich hilflos, dem, was da in meinem Kopf wütet, ausgeliefert.“

8) Lieben was ist. Wie vier Fragen ihr Leben verändern können. Byron Katie. Arkana Verlag. ISBN 978-3-442-33650-0

Die Schatzheberin: „Wer wärst du ohne den Gedanken, Angst zu haben, wegen der Kopfschmerzen schwer krank zu sein?"

Sabine: „Mmmmhmmmm ... Naja, jetzt fühle ich mich plötzlich...anders...oder nicht mehr so schwer. Ich wäre ein komplett lebensfroher Mensch, ohne düstere Gedanken. Was mir da jetzt einfällt,... eine Tante von mir, die früh gestorben ist, hatte immer Migräne..."

Und so weiter.

Mit den ersten zwei Fragen kannst du dich oder deine Frauen schon sehr gut aus dem Angst-Gefängnis befreien und den Weg zu einem neuen Denkmuster bereiten. Es lohnt sich, sich mehr mit „The Work" zu befassen. Dieses Konzept ist ein unglaublich toller Schlüssel zur innerlichen Freiheit. Literatur dazu findest du im Anhang in der Literaturliste. Eine sehr brauchbare Anleitung findet sich im Netz![9]

Aber **Achtung**! Zwischen den normalen Ängsten des Alltags und einer pathologischen Angststörung, die ausschließlich eine Psychiaterin oder Psychotherapeutin behandeln darf, ist ein schmaler Grat. Übe diese Methode im ersten Schritt an deinen Themen oder mit Freunden, die mental gesund sind.

Fragen sind generell eine geniale Methode, um Themen aufzulösen, Impulse zu geben, zu reflektieren und der Fragestellerin zu helfen, sich auf sich selbst zu besinnen. Mit Fragen führen wir sie – unbeeinflusst – auf eine Lösung, die aus ihr heraus entsteht. Als kluge Schatzheberinnen wissen wir, dass unsere Ängste unser Leben, unsere Entscheidungen und ja, unsere Werte auch mitbestimmen. Als mutige Schatzheberin ist uns bewusst, dass wir unseren Ängsten ins Auge blikken dürfen. Solange wir wegsehen, klammern sich die Ängste an unseren Rockzipfel und sind allgegenwärtig. Aber: Ängste lieben es, gesehen zu werden. Ängste möchten berührt werden. Ängste möchten an unserer Seite stehen. Die Angst ist deine Lehrerin und Beraterin.

Liebe Schatzheberin, wenden wir uns nun ein paar Ängsten aus dem Alltag einer Frauenkreisleiterin zu. Ich darf dir versichern: wir hatten anfangs alle diese Ängste! Lass uns mal genauer hinsehen: Die Angst, dass niemand zu deinen Frauenkreisen kommt. Die Angst, dass du plötzlich keine Antwort auf eine Frage einer Teilnehmerin weißt. Die Angst, dass deine Teilnehmerinnen bei den Übungen nicht mitmachen. Die Angst, dass du deinen roten Faden verlierst. Die Angst,

9) https://thework.com/wp-content/uploads/2019/03/AnleitungzuTheWork.pdf

dass die Teilnehmerinnen kein Vertrauen zu dir haben. Die Angst, dass du nicht gut ankommst. Die Angst, dass dich jemand aus der Gruppe verbal angreift. Und und und.... Das Angst-Teufelchen ist super-hyperaktiv.

Merkst du etwas? Wir sprechen hier von Angst (irreal und diffus) bzw. von einer Hilflosigkeitsangst und nicht von einer realen Furcht. Du stellst dir den Worst-Case vor.

Was passiert jetzt?

Die Angst, dass niemand zu deinen Frauenkreisen kommt, lässt dich massiv an den Einladungen arbeiten.

Die Angst, dass du plötzlich keine Antwort auf eine Frage weißt oder den roten Faden verlierst, lässt dich supergut auf das Thema vorbereiten. Tipp: Stichwortkarten schreiben.

Für alle anderen Ängste: Wir sind meistens im Worst-Case-Szenario. Verbanne ganz bewusst das Angst-Teufelchen auf den Nussbaum oder in den Park oder in die Antarktis. Stell dir dann den Best-Case vor. Was wird im besten Fall passieren?

Übrigens, noch nie, wirklich noch nie, sind solche Worst-Case-Fälle bei mir eingetreten. Kleine Hoppalas machen dich verletzlich und menschlich. Die Frauen werden dich lieben, wenn sie dir darüber hinweghelfen dürfen!

Zum Abschluss hab einen kleinen Fragenkatalog zur Reflektion für dich:

- Würdest du dich eher als ängstlichen Menschen einschätzen?
- Wenn ja, wo hast du trotzdem schon mutig gehandelt?
- Würdest du dich eher als risikofreudigen Menschen einschätzen?
- Wenn ja, wo bist du trotzdem schon mal auf Nummer sicher gegangen?
- Ist dir eine Angst aus dem Alltag bewusst, die dich täglich begleitet?
- Wobei könnte sie dir helfen?
- In welcher Situation hast du etwas getan, obwohl du Angst hattest?
- Wie könnte sich dein Leben verändern, wenn du diese Ängste überwindest?

Übung

Mach zehn Tage lang täglich etwas, was dir schwerfällt oder wovor du dich fürchtest. Nimm kleine Ängste. Beginne mit Dingen, die dir anfangs eher leichter fallen.

Bedenke: Eine einzige mutige Handlung zieht alle weiteren nach sich. Werde zur beherzten Schatzheberin deiner eigenen Schätze.

So, aber jetzt haben wir uns genug den Ängsten und der inneren Inventur gewidmet. Ich denke, wir sind bereit für den nächsten Schritt. Bereit, uns unserem Körper und dem was er uns sagen möchte, zu widmen!

2. Schritt: Dein gekonnter Auftritt

Wenn ich ein Thema aus meinem Seminarangebot benennen müsste, welches die Menschen am meisten interessiert, dann käme wohl „Körpersprache" auf Platz 1. Wie kann ich den anderen lesen? Ist er ehrlich? Was bedeutet es, wenn sie den Kopf schief hält? Wenn er sich an das Ohrläppchen greift, dann lügt er, oder? Sie ist abweisend, wenn sie die Hände verschränkt. Er ist unsicher, wenn er sich die Lippen leckt. Es ist doch wirklich spannend, nicht wahr? Es scheint ein völliger Gewinn zu sein, den anderen Menschen nach seiner Körpersprache interpretieren zu können. Wenn du an Kommunikation interessiert bist, du sogar hin und wieder Vorträge hältst oder Treffen moderierst, hast du ganz sicher mindestens einen Körpersprache-Wälzer in deinem Regal stehen und einige Körpersprache-Seminare hinter dir.

Wie wirke ich möglichst selbstsicher? Wie kann ich den anderen überzeugen? Welche Körperhaltung, welche Gestiken zeigen mich als einen selbstbewussten Gesprächspartner? Noch interessanter ist dann meistens: Welche Gestik und Mimik deute ich als Flirt-Signale? Oder: Sie hatte doch mit ihren Haaren gespielt, wieso kam dann eine Abweisung? Oder: Er hatte sich mir doch komplett zugewandt. Wieso meldet er sich nicht mehr? Genau, Körpersprache ist auch in der Liebe ist der Schlager schlechthin.

Noch spannender wird es dann, wenn jemand in tieferen Kommunikationstechniken geschult ist. Dann wird er/sie dir vielleicht etwas von Rapport und Pacen[10] erzählen. Also Beeinflussung des anderen durch Angleichen der Körper-

10) Begriffe stammen aus dem NLP-Neurolinguistischen Programmieren, NLP (aus der Psychotherapie) ist eine Sammlung von Kommunikationstechniken zur Veränderung psychischer Abläufe;

sprache. Aber lass dich nicht beeindrucken. Dies hat im Alltag eher wenig Bedeutung. Rapport bedeutet, grob gesagt, mit dem anderen auf einer Wellenlänge zu sein. Pacen (engl.) bedeutet, im Gleichschritt gehen, sich angleichen. Beides erfordert eine verbale und körpersprachliche Angleichung an den Gesprächspartner. Das Ziel ist, durch die Angleichung der Kommunikation (gleiche Wortwahl) und der Körperhaltung an die deines Gegenübers Gleichklang zu vermitteln und letztendlich eine Vertrauensbasis zu erschaffen. Dies vor allem in der Psychotherapie bzw. in der Beratung. Hier macht es auch durchaus Sinn, und der Therapeut ist auch diesbezüglich geschult. Bei Interesse findest du Literatur zum Thema im Anhang.

Aber – zurück zum Thema: Seien wir doch einmal ehrlich. Wer hat noch nie versucht, die Hände vor der Brust NICHT zu verschränken? Mit einer bestimmten Körperhaltung selbstbewusster zu wirken? Bei einem Bewerbungsgespräch, die Hände bewusst oberhalb des Tisches aufzulegen. Im Vortrag die Hände NICHT in die Hosentaschen zu stecken. Ich darf dich gedanklich noch einmal in diese Situation zurückführen? Erinnerst du dich noch? Wie erging es dir dabei? War es anstrengend, dich darauf zu konzentrieren, genau JETZT die Hände NICHT zu verschränken? Erinnerst du dich noch an deinen Gesprächspartner? Was er/sie genau gesagt oder getan hat? Wahrscheinlich nicht! Wenn wir ehrlich sind, ist es sehr mühevoll, sich auf eine bestimmte Körperhaltung in einer bestimmten Situation zu konzentrieren, vor allem, wenn man es nicht gewohnt ist. Nicht wahr? Wenn es dir wie den meisten Menschen geht, dann gehen dir in dieser Zeit Gesprächsinhalte verloren, weil du sehr auf dich konzentriert bist. Von der Konzentration auf die Körpersprache deines Gegenübers sowieso ganz zu schweigen. Der authentische Ausdruck ist da schon lange flöten gegangen.

Wahrscheinlich kannst du dir jetzt schon denken, worauf ich hinaus möchte. Dein Körper spricht, auch ohne dein bewusstes Zutun. Bist du in einer für dich eher unsicheren Situation, wird dein Puls schneller gehen. Du wirst möglicherweise vermehrt blinzeln oder öfter dein Standbein wechseln. Was ich jetzt in den Raum stelle: Ist es wirklich so wichtig zu vertuschen, wie du dich gerade fühlst? Macht es Sinn, mit dem Körper etwas vorzugaukeln, was in Wahrheit nicht da ist? Macht es nicht vielmehr Sinn, dem anderen mitzuteilen, wie man sich momentan fühlt? Aus meiner Erfahrung stabilisiert sich mit der Verbalisierung deiner Gefühlslage sowieso der gesamte körperliche Ausdruck und deine Gemütslage.

Um dies auch kurz wissenschaftlich zu beleuchten: Zu unserer Ehrenrettung sei gesagt, dass das Bedürfnis, die Körpersprache des anderen lesen zu können, evolutionstechnisch absolut nachvollziehbar ist. Es war seit Urzeiten überlebenswichtig, die Gemütslage aus den Gesichtern und der Gestik des anderen herauszulesen. Daran ließen sich mögliche herannahende Gefahren und Konflikte bereits im Vorfeld erkennen. Heute weiß man aus der Gehirnforschung, dass bestimmte Hirnareale auf Reize bzw. eben auch Wörter, Gestik und Mimik reagieren. Dies ruft eine Emotion hervor und dies wiederum steuert die Körperhaltung. Unser limbisches Erbe lässt sich einfach nicht übertölpeln. Dieser Teil des Gehirns, unser sogenanntes Säugetiergehirn spielt DIE entscheidende Rolle in dieser Aufführung. Es hat die unschlagbare Fähigkeit, unmittelbar und reflexartig auf Außenreize zu reagieren. Es sendet die Information sofort an den Hirnstamm. Dies löst unterschiedliche Reaktionen im Körper und in der Körperhaltung aus. Erschrecken. Nervosität. Angst. Freude. Stolz. Wer einmal versucht hat, das Erschrecken über einen lauten Knall zu unterdrücken, weiß was ich meine. Unterdrücken ist nicht mal gut möglich, wenn du den (Tür)knall auf dich zukommen siehst.

Authentische Körpersprache bewusst zu unterbinden, ist auf Dauer nahezu unmöglich. Man liest uns Freude und Glück, aber auch Resignation und Traurigkeit an unserer Haltung, Mimik und Gestik ab. Eine überschwängliche (unechte) Freude straft der Körper Lügen. Man sieht und spürt, dass sie nicht echt ist.

Was jedoch möglich ist, ist deinen Körper bewusst zu „führen“. Ruhe auch durch den Körper ausstrahlen zu lassen. Stabilität in deinen Körper zu bringen. Deine eigene Körperhaltung zu reflektieren. Das macht Sinn und darauf gehen wir im nächsten Kapitel näher ein.

Mit diesem Bewusstsein wird es für die Schatzheberin Zeit, ihren Körper wahrzunehmen, mutig und bestimmt zu führen und bewusst sprechen zu lassen. Die Wahrheit, respektvoll und mitfühlend ausgesprochen, ist zumutbar. Bewusstheit allein schafft schon ein kongruentes Auftreten. Also nicht, dass es nicht wichtig wäre, sein Augenmerk auf seinen eigenen Körper zu richten. Sich bewusst zu machen, in welcher Gefühlslage wir welche Körperhaltung einnehmen. Dies ist schon mal die erste, wichtige Botschaft in diesem Kapitel.

Schauen wir nochmal genauer hin:

2.1. Wie dein Körper für dich spricht

Generell kann man sagen, die weibliche Körperhaltung ist eher ruhig und sich zurücknehmend. Sie strahlt Kompromissbereitschaft aus. Nehmen Frauen im Meetingraum, in der Bahn oder in einem Wartezimmer Platz, ist zu beobachten, dass sie sich tendenziell wenig Raum nehmen. Auch mit unserer bevorzugten Sitzhaltung, mit überschlagenen Beinen, oder die Beine ordentlich nebeneinander am Boden, benötigen wir einfach weniger Platz. Ok, jetzt könnte man sagen, das hat mit dem Tragen von Röcken zu tun. Aber: Hast du jemals schon eine Frau in Hosen mit gespreizten Beinen in der U-Bahn sitzen sehen?

Hat der Stuhl Lehnen für die Arme und teilen wir diese mit dem Sitznachbarn, so verzichten Frauen häufiger als Männer auf die Beschlagnahmung der Armlehnen. Gepaart mit einem schwachen Händedruck wird uns dies als Schwäche und mangelnde Durchsetzungsfähigkeit ausgelegt. Als aufmerksame Beobachterin wirst du merken, dass kleine, unbewusste Gesten dies noch verstärken. Den Kopf schief zu legen, das seitliche Abknicken der Füße (mit hohen Absätzen?) oder die Hände hinten am unteren Rücken abzulegen, sind nur ein paar dieser Gesten. In unsicheren Situationen wird die Stimme höher und der Atem kürzer. Konfrontationen lösen wir Frauen eher verbal als mit Körperhaltung. Was uns viel mehr Energie kostet, nur mal so nebenbei gesagt. Die weibliche Körperhaltung bzw. dieser scheinbare Rückzug werden als mangelnde Durchsetzungsfähigkeit verstanden. Harmoniesucht wird uns nachgesagt. Frauen werden eher leise und gehen auf Abstand. Wir weichen aus, brechen Blickkontakt ab. Möglicherweise lächeln wir verunsichert, um diese für uns – wie uns unser Säugetiergehirn vermittelt – bedrohliche Situation aufzulösen. Fakt ist jedoch: selbst die tollsten Argumente helfen uns hier nicht, unser Körper spricht eine andere Sprache.

Werfen wir doch auch mal einen Blick auf eine männlich dominierte Körperhaltung. Die männliche Körpersprache ist lauter und klarer. Nachdrücklicher und unübersehbarer. Eine klare Sprache sprechend. Raum nehmend. Blickkontakt aufnehmend, um nicht zu sagen – starrend. Oft schon im Vorfeld versehen mit Drohgebärden. Auf den Tisch hauen, unmissverständlich die Arme verschränken, gepaart mit breitbeinigem Stehen. Die Distanzzone verletzend, sprich auf die Pelle rückend. Drohgebärden, die anderen Männer das sportliche Signal „auf in den Kampf" geben. Jedoch uns Frauen vorerst mal auf Rückzug gehen lassen. Evolutionstechnisch absolut nachvollziehbar. Der Mann ist der

Frau körperlich überlegen. Diese tiefsitzende Angst vor männlichen Übergriffen schwingt daher instinktiv auch in unserer Körpersprache mit. Dies ist bzw. war als Schutzfaktor absolut sinnvoll. Wenn wir zeitgeschichtlich zurückgehen, ist es nachvollziehbar, dass es mehr als dumm ist, jemanden zu provozieren, der dir körperlich weit überlegen ist. Heute wird uns im Meeting-Raum niemand so schnell die Keule über den Kopf ziehen, und trotzdem reagiert unser Körper instinktiv und zeigt Rückzug und Unterwerfung an.

So liebe Schatzheberin, was tun wir denn nun? Lernen wir mit gespreizten Beinen zu sitzen und auf den Tisch zu hauen? Unseren Gesprächspartner anzustarren und mit den Fingern zu klopfen, wenn wir Ungeduld signalisieren wollen? Ich möchte das gleich abkürzen und zur Essenz kommen. Bitte – merke dir als zweitwichtigste Information aus diesem Kapitel: Dies ist NICHT unser Feld und NICHT unsere Sprache.

Wichtig ist vielmehr: Weibliche Energie ist einfach zurücknehmend und abwartend. Annehmend und hingebend. Ergo ist diese, unsere natürliche Körperhaltung völlig in Ordnung. Sind wir deswegen konfliktschwach? Nicht durchsetzungsfähig? Nein und nochmals nein. Auch wenn es jetzt paradox klingt: Unsere Stärken sind die Hingabe, die Akzeptanz und die Durchsetzung. Die Hingabe an „das was ist" oder die Akzeptanz der Situation. Gehst du in den Widerstand, kostet es Energie. Also, Akzeptanz der Situation und – Aussitzen – oder Durchsetzen. Mit der dir innewohnenden urkräftigen weiblichen Energie. Da musst du nichts dazu zu tun, du hast bereits alles was du brauchst. Dazu gibt es noch ein paar Kniffe, wie du deine tolle weiblichen Körpersprache gut ankern und stabilisieren kannst. Denn dann ist es eine wunderbare Mischung aus Selbstbewusstsein und Deeskalation. Stark statt stur. Durchsetzend statt provokant. Integer statt eigensinnig.

2.2. Ein ausdrucksstarker Auftritt

Die bewusste Schatzheberin ist sich der Stärke der weiblichen, authentischen Körpersprache bewusst. Ihre Botschaft: Bleibe bei deiner weichen, weiblichen Körpersprache. Atme in deine Körpermitte und verwurzele dich. Bleibe authentisch. Bist du unsicher, sprich dies aus. Mit klaren und einfachen Worten. Du wirst sehen, dass sich dein Körper in dem Moment, wo du deine Gefühle verbalisierst, stabilisiert.

Die bewusste Schatzheberin achtet im Stehen auf guten Bodenkontakt mit leicht geöffneten Füßen. Sie weiß, dass sie damit gut verwurzelt ist. Ihr ist bewusst, dass eine aufrechte Haltung, sowohl im Sitzen als auch im Stehen, Vertrauen und Offenheit vermittelt. Einer Irritation von außen wird sie souverän begegnen, indem sie es klar anspricht. Sie konzentriert sich sowohl mental als auch real auf ihr Ziel. Fokussiert sich und marschiert los. Unnötig zu sagen, dass sie es in großen Schritten tut. Warum große Schritte? Dazu machen wir gleich eine Übung. JETZT.

ÜBUNG

Leg doch bitte mal das Buch kurz zur Seite. Bist du zu Hause oder im Park? Nimm dir auf jeden Fall mal ein bisschen Raum und ca. zehn Schritte nach vorne Platz. Hast du den Platz geschaffen? Ok! Dann begib dich doch bitte wieder auf den Ausgangspunkt und visiere einen Punkt ca. zehn Schritte vor dir. Baum, Parkbank, Anrichte, Sessel, Kerze, Zimmerpflanze. Ganz egal. Nimm ganz bewusst dein Ziel wahr. Welche Farbe hat es? Welche Form? Ist es groß? Klein? Wie könnte es sich anfühlen? Wenn du ganz fokussiert bist, dann geh bitte darauf zu und stoppe genau davor.

JETZT!

Wie war's? Darf ich dir zuvorkommen? Du bist ziemlich dynamisch drauflosmarschiert. Höchstwahrscheinlich mit großen Schritten. Stimmt's? Wie hat es sich angefühlt?
Jetzt die nächste Übung. Genau das Gleiche. Ziel fokussieren, bewusst wahrnehmen! ABER – Achtung: jetzt mit Tippelschritten draufzumarschieren!

JETZT!

Wie hat sich das angefühlt? Ziemlich lasch und leger, nicht wahr? Jetzt bitte noch einmal. Zurück auf den Ausgangspunkt. Jetzt achtest du zusätzlich auf eine aufrechte Körperhaltung. Guten Bodenkontakt. Tief durchatmen. Schultern fallen lassen. Kinn leicht geneigt zur Brust, sodass im Bereich der Wirbelsäule Spannung entsteht. Achtung Schultern: die spielen da nochmal gern mit! Also wenn sie hochgezogen sind, nochmals fallen lassen. Fokus auf dein Ziel UND – losmarschieren.

JETZT!

Super! Ich weiß jetzt schon, dass da eine Amazone am Laufen war. Eine, die ein Ziel vor Augen hat. Eine mit guten, stabilen Schrittlängen. Eine, die ihr Ziel ganz sicher erreichen wird. Eine, die sich nicht aus der Ruhe bringen lässt. Eine, die man nicht aufhalten kann. Dasselbe im Sitzen. Durchatmen. Aufrecht sitzen. Auf das Nächstliegende konzentrieren. Die Haltung der Hände ist eine ruhige. Entweder hast du etwas in den Händen (Redekarten, Stift, etc.) oder sie liegen ruhig in deinem Schoß. Bemerkst du innerliche Unruhe, atme ein paar Atemzüge tief in deinen Körper hinein. Richte deine Aufmerksamkeit auf deine Beine, auf eine ruhige und klare Haltung. Hilfreich ist es auch, den Atem durch deinen Körper in deine Beine und weiter in den Boden zu schicken. Je klarer und fokussierter du mental bist, desto stabiler wird auch deine Körperhaltung sein.

Topübung

Begib dich an einen Ort, wo etwas los ist. Marktplatz. Bahnhof. Fußgängerzone. Bereite dich vor. Bestimme einen Ausgangs- und einen Zielpunkt. Bitte bringe dich dabei nicht in Gefahr und achte darauf, keine Straßen zu überqueren, ja? Also, ca. zehn bis zwanzig Schritte. Anmerkung: Bei zwanzig Schritten ist das Ergebnis beeindruckender. Fokussiere dich auf deinen Zielpunkt, ungeachtet der Menschen. Sei ganz bei dir. Geh an den Ausgangspunkt. Nimm ganz bewusst dein Ziel wahr. Laternenmast. Plakat. Bank. Schalter. Welche Farbe? Welche Form? Groß? Klein? Wie könnte es sich anfühlen? Wenn du ganz fokussiert bist, dann geh bitte drauflos. Achte darauf, dass du ganz auf dich und dein Ziel fokussierst bist. Du gehst aufrecht und konzentriert los.

JETZT!

Wie ist es dir ergangen? Oder halt, warte! Darf ich dir zuvorkommen? Es war ein super Gefühl? Leicht und beschwingt? Die Menschen sind dir automatisch aus dem Weg gegangen? Schmunzel. Mit ganz wenig Aufwand, nicht wahr?

Fazit

Weniger ist mehr. Bleib bei dir und versuche nicht, jemand anderer zu sein. Achte auf eine aufrechte Körperhaltung. Mit dieser ist es praktisch nicht möglich, sich unsicher zu fühlen. Gelingt es nicht gleich, dann atme einmal mehr in deine Körpermitte. Lege auch deine Hände vor dem Körper zusammen (das zentriert) und konzentriere dich auf guten Bodenkontakt. Lass dich von beeindruckenden Gesten oder Mimik nicht aus der Ruhe bringen. Du bist wie ein festverwurzelter Nussbaum, der die Lage sondiert. Lass die anderen sprechen und beobachte, was deine Körperhaltung mit deinen Mitmenschen macht. Noch viel wichtiger: beobachte die Auswirkungen bei dir selbst. Ich könnte wetten, es macht dich ruhiger, sicherer und selbstbewusster. Die souveräne Schatzheberin weiß um die Ausstrahlung dieser Körperhaltung. Sie weiß auch, dass es anfangs tägliche Bewusstheit braucht. Tägliches „Üben". Bleib dran.

2.3. Bleib authentisch – deine Sprechsprache

Wir Frauen sind exzellente Kommunikatorinnen. Nicht nur das, wir lieben den Austausch. Darf man verschiedenen Studien glauben, bringen wir es auf durchschnittlich 16.000 Wörter pro Tag. Schon eine ganze Menge, nicht wahr? Im Gegensatz zu Männern, die eine Berichtssprache sprechen, kommunizieren wir in einer Beziehungssprache, wie die US-amerikanische Soziallinguistin Deborah Tannen[11] untersuchte. Männlich geprägte Sprachmuster sind demzufolge eher kurz und knackig und vor allem sachorientiert.[12] Frauen hingegen sprechen eher im Konjunktiv, also der Möglichkeitsform. Legen sich weniger gern fest. Wägen Inhalte ab. Konzentrieren sich eher auf Gefühlsäußerungen. Wir sprechen, um unsere Gefühle mitzuteilen, aber auch, um ein Wohlgefühl für unseren Gesprächspartner zu erzeugen. Somit sind wir in der Kommunikation schwer beschäftigt und da braucht es eben viele Wörter. Nicht wahr?

Aber: Viele Wörter erzeugen nicht gleich mehr Wirkung. Kennst du das auch, dass du dich inhaltlich gut vorbereitest und dir deine Worte gut überlegst? Du

11) https://www.grin.com/document/7560

12) Professorin für Linguistik an der Georgetown-Universität in den USA, „Du kannst mich einfach nicht verstehen" (1991)

tüftelst und hast gute Argumente. Dann passiert es. Während du sprichst, merkst du, dass sich die Wirkung verflüchtigt. Dein Gesprächspartner wird unaufmerksam, weicht vom Thema ab und kontert mit Nebenschauplätzen. Du weißt nicht, warum und wann er dir inhaltlich abhandengekommen ist.

Eine andere Situation: Du sitzt in einem Meeting. In einem für dich wichtigen Gespräch. Deine Argumente sind gut vorbereitet und inhaltlich gewichtig. Trotzdem kommst du nicht so richtig mit deinen Themen an. Woran liegt das?

Aus meiner Sicht gibt es vier Erfolgsfaktoren für eine gelungene Kommunikation. Schauen wir uns das mal genauer an:

➲ *Streiche das Wort „aber“*

Hier ist Kampf-Rhetorik vonnöten: Das Wörtchen „aber“, unbewusst verwendet, ist der inhaltliche Killer schlechthin. Lass mich dir Beispiele nennen.

„Schatz, du weißt, ich liebe Dich. Aber es würde mich echt freuen, wenn du auch mal den Geschirrspüler ausräumst.“

„Mäuschen, deine Eins in Deutsch ist toll gemacht, aber mit deiner Vier minus in Mathe müssen wir uns noch was überlegen.“

„Ich bin ja total glücklich über unseren Kino-Tag, aber es würde mich echt auch freuen, wenn wir wieder mal in die Pizzeria gehen würden.“

Verstehst du, worauf ich hinaus will? Nicht nur, dass hier zwei Aussagen in einem Satz verwurstelt sind, das kleine, unschuldige Wörtchen „aber“ hebelt hier komplett den Inhalt des ersten Halbsatzes aus. Eine erstmal gut gemeinte Aussage bekommt eine negative Färbung. Eine, die möglicherweise gar nicht so gemeint ist. Was sagt nun Mr. Duden dazu: Laut Wörterbuch läutet „aber“ einen Einwand ein und zeigt Schwierigkeiten und einen Haken an. Richtig verwendet, könnte es zum Beispiel lauten: „Ja ich weiß, das wäre die Lösung, aber es erscheint mir zu teuer.“ Damit das „Aber“ auch seinen Platz bekommt.

Wir wollen jedoch der unbewussten Kommunikation auf die Schliche kommen. Nun ersetzen wir das unbewusste „Aber“ einfach mal durch das Bindewort „und“. Schauen wir mal, was da passiert:

„Schatz, du weißt, ich liebe Dich und es würde mich echt freuen, wenn du auch mal den Geschirrspüler ausräumst.“

„Mäuschen, deine Eins in Deutsch ist toll gemacht, und mit deiner Vier minus in Mathe müssen wir uns noch was überlegen.“

„Ich bin ja total glücklich über unseren Kino-Tag, und es würde mich echt freuen, wenn wir auch wieder mal in die Pizzeria gehen würden.“

Jetzt spüre nochmal nach. Das macht was, stimmt's? Die Bedeutung bekommt einen positiven Schwung. Legen wir noch eines drauf. Wir achten auf eine bewusste Wortwahl und vermeiden im nächsten Schritt das unbewusste „aber".

„Schatz, ich liebe dich."

„Du, es würde mich echt freuen, wenn du auch mal den Geschirrspüler ausräumst."

„Mäuschen, deine Eins in Deutsch ist toll gemacht!"

„Mit deiner Vier minus in Mathe müssen wir uns noch was überlegen."

„Ich bin ja total glücklich über unseren Kino-Tag!"

„Es würde mich echt freuen, wenn wir auch wieder mal in die Pizzeria gehen würden."

Das sind klare Aussagen, nicht wahr? Also liebe Schatzheberin, prüfe doch mal ganz still für dich, wie viele Aber-Sätze du in deinem Sprachgebrauch hast. Wenn du ein bisschen experimentieren magst, formuliere doch gleich um! Oder noch besser: Streiche das Wörtchen mal vorübergehend aus deinem Wortschatz und beobachte, was passiert!

Um weiter unsere Sprache zu verfeinern, achten wir auch auf unsere Wortwahl. Schauen wir da mal genauer hin.

➲ *Positive oder bejahende Formulierung!*

Positiv zu formulieren schafft ein Feld der Motivation. Es macht Gespräche angenehmer und handlungsorientierter. Es prägt deine eigene Gedankenwelt positiv. Es bildet eine Brücke im Gespräch. Eines vorweg: Ich spreche NICHT davon, Dinge schön zu reden, die dir missfallen. Ich spreche davon, mit einer positiven und gehirngerechten Wortwahl, Inhalte und Themen wertschätzender und klarer zu vermitteln. Unser Gehirn funktioniert in Bildern. Für NICHT und KEIN gibt es keine Bilder. Stell dir KEINEN roten Regenschirm vor. Mmmmh? Was passiert? In deinem Kopf ist plötzlich doch ein roter Regenschirm. Oder? Also: Wir brauchen für NICHT-Sätze einfach ein paar Denkprozesse mehr. Das und einige Missverständnisse könnten wir uns ersparen. Konkret schaut das so aus:

Statt: Leider schaffen wir Freitag NICHT!

Besser: Nächste Woche Dienstag wäre ein guter Termin!

Statt: Du darfst NICHT vergessen, dass du dort KEINEN Koffer mitnehmen darfst.

Besser: Denk bitte daran, zum Meeting nur die Aktentasche mitzunehmen!

Statt: Schatz, bitte NICHT auf die Straße gehen!

Besser: Schatz, bitte bleib auf dem Gehsteig!

Statt: Mäuschen, fall NICHT über den Baumstamm!

Besser: Mäuschen, Achtung Baumstamm. Beine heben!

So finden wir noch unzählige Beispiele. Merkst du, worauf ich hinauswill? Auch hier fordere ich dich zum Selbst-Check auf. Mach doch zuerst mal eine Strichliste. Wie viele NICHTs hast du derzeit in deinem Sprachgebrauch? Wie fühlen sich die sperrigen NICHTs an?

Fazit: Sprich mehr davon, was möglich ist und weniger davon, was NICHT geht! Es ist eine feinere und klare Kommunikation. Probier's mal aus!

Schauen wir uns den letzten Punkt noch an:

➲ *Vermeide Füllwörter!*

Ach – wir liiiieeeeeben Füllwörter. Wir lieben es „grundsätzlich" zu sagen, oder „generell" oder „gelegentlich" oder „vielleicht" oder „demnach", oder „insbesondere". So machen wir einen schönen, langen Text und müssen uns nicht festlegen. Was hältst du zum Beispiel von: „Grundsätzlich ist Rauchen hier NICHT erlaubt, besonders nachmittags nicht." Tja ... wie würdest du dich hier als Raucher verhalten? Das lädt doch förmlich ein, zumindest am Vormittag dort zu rauchen, oder nicht? Oder: „Wenn es dir nichts ausmacht, dann generell ab 17 Uhr bitte nicht mehr in die Teeküche gehen." Mmmmh? Auch nicht sehr klar, oder? Also nur mal kurz um 18 Uhr in die Teeküche gehen, kann doch nichts ausmachen? Ich sehe, es wird schon klarer für dich.

Um es kurz zu machen: Füllwörter sind NICHT deine Freunde. Oder um es umzuformulieren, wegen NICHT und so: Füllwörter sind deine Feinde. Sie blähen einen Text auf und erschweren damit auch die Verständlichkeit. Sie schwächen den Inhalt ab. Du bleibst vage, legst dich somit nicht fest. Die Füllwörter strekken einen Text.

Eine Kollegin beschreibt das ganz toll mit einer Mahlzeit: Du kannst ein lekkeres Gericht zubereiten, wenn du gezielt würzt. Bisschen Kräutersalz, bisschen Pfeffer, bisschen Majoran. Mehr braucht es hier nicht. Aber du kannst auch überwürzen. Dann wird aus einem leckeren Essen ein undefinierbares Gericht, bei dem die ganz besondere Geschmacksnote verloren geht.

Fazit: Füllwörter verwässern und verdecken die Essenz des Textes. Verwende sie sparsam und setze sie, wenn gewünscht, geschickt ein. Das ist der Königinnen-Weg.

Übung

Finde nun im folgenden Teil eine Menge Füllwörter und prüfe für dich, welche deine Lieblinge sind. Im ersten Schritt empfiehlt sich auch die berühmte Strichliste. Der nächste Schritt ist dann, ein bisschen stiller zu werden und potenzielle Aussagen bereits im Vorfeld umzuformulieren. Übung mach auch hier die Meisterin.

Schritt 1: Schau dir die folgende Zusammenstellung der Füllwörter an und prüfe für dich, welche deine Lieblinge sind.

durchwegs	offensichtlich	generell	quasi	praktisch
grundsätzlich	abermals	eben	konkret	bestimmt
dagegen	gefälligst	deswegen	tatsächlich	daher
ausnahmslos	dennoch	im Allgemeinen	etwas	kaum
augenscheinlich	sozusagen	ausgerechnet	bereits	überhaupt
ergo	aufgrund	wohlgemerkt	ganz	besonders
nichtsdestotrotz	doch	schlussendlich	rundheraus	unbedingt
andernfalls	letztendlich	an sich	allenthalben	bei weitem
dabei	etwa	in der Tat	geradezu	bestenfalls
folgendermaßen	wohlweislich	bloß	zuweilen	im Prinzip

Schritt 2: Bitte Personen, die es gut mit dir meinen, dir Bescheid zu geben, wenn du deine Lieblings-Füllwörter verwendest. Mach eine Strichliste. Oder lege einen Euro pro verwendetes Füllwort in eine Sparbüchse. Formuliere in diesem Schritt gedanklich für dich um. Sprich: lass einfach das Füllwort weg.

Schreib deine Erfahrungen, Gefühle und Gedanken in dein Notizbuch!

Fazit

Liebe Schatzheberin, aus diesen Faktoren ergibt sich automatisch eine ausdrucksstarke Kommunikation. Damit keine Missverständnisse entstehen: Es ist nicht nötig, dich zu verändern. Es ist NICHT nötig, dass du jemand anderes wirst. Es ist NICHT nötig, jemanden zu kopieren. Bleib auch hier bei dir. Sprichst du Dialekt? Bitte bleib dabei. Dialekt ist unglaublich sympathisch. Sprichst du hochdeutsch? Bitte bleib dabei. Es ist DEINE Sprache.

ABER: Überlege, was du ausdrücken möchtest und wähle deine Worte bewusst und eine bejahende Formulierung nach obigen Faktoren. Vermeide lange Schachtelsätze. Wähle kurze und knackige Sätze. Nicht mehr als zwei Informationen in einem Satz. Vermeide Fachausdrücke. Außer es handelt sich bei deinen Gesprächspartnerinnen um Fachleute. Arbeite an einer bildhaften Sprache. Lass Bilder in den Köpfen der Menschen entstehen. Möchtest du ein blockiertes Verhalten erklären, dann könntest du von „das ist wie, wenn man mit angezogener Handbremse fährt“ sprechen. Möchtest du in einem Meeting von Erfolg sprechen, dann könntest du das so formulieren: „Mit dieser Methode sind wir die ersten im Zieleinlauf.“. Lass Bilder entstehen.

Sprich erst, wenn du in einer guten, zentrierten Körperhaltung bist. Atme bewusst.[13] Dann wird deine Stimme klar und deutlich sein. Dies bedeutet auch, Stille aushalten zu können. Nur mal so nebenbei. Stille ist bereichernd. Sie lässt uns Zeit, das Gehörte zu verdauen und nachzufühlen.

Sei auch hier liebevoll mit dir. Wie viele Jahre begleitet dich deine Sprechsprache? Siehst du? Lass dir Zeit! Aber bleib dran. Nimm Wortwahl und Formulierungen auch bei anderen bewusst wahr. Sei mit dieser Form der motivierenden und lebensbejahenden Kommunikation ein Vorbild.

Nun gestärkt in Ausdruck und Sprache schauen wir, was es noch braucht, um fest im Sattel zu sitzen!

13) Mehr dazu im Kapitel 5.1. Atmen und Meditation

3. Die Werkzeugkiste der Schatzheberin

Die virtuelle Werkzeugkiste, die wir Schatzheberinnen immer bei uns haben, ist eine wahrlich wertvolle. Es ist unser heiliges, erprobtes Handwerkszeug, welches du gezielt auswählst, um einen Frauenkreis rund zu gestalten, klar zu führen, zu steuern und stützen. Es versteht sich von selbst, dass dir alle Werkzeuge, die du verwendest, in der Handhabung vertraut sind. Du weißt um ihre Wirkung. Kennst den zeitlichen Aufwand. Hast Erfahrung damit. Dir ist bewusst, was du mit diesem Arbeitsmittel erreichen bzw. auslösen kannst. Noch besser, du zelebrierst es selbst regelmäßig in deinem Leben.

Meditation, zum Beispiel, führt in die Ruhe. Sie macht dich entspannter und gelassener. Sie hat immer die bewusste Atmung an ihrer Seite. Verschiedene Atem-Techniken beeinflussen Körper und Geist auf unterschiedliche Art und Weise. Je effektiver du eine Meditation gestalten möchtest, desto klarer darf die Atem-Anleitung sein. Körperarbeit und Tanz sind großartige Methoden, um dich zu erden, zu zentrieren, zu verbinden oder in die Leichtigkeit zu kommen. Das Singen von Liedern und Mantren ist eine wundervolle heilsame Arbeit, die Menschen und Energien verbindet, zentriert, ausgleicht und energetisch hochschwingen lässt. Musikinstrumente wie Gitarre, Rasseln oder Trommel unterstützen diese Prozesse. Wohlduftendes Räucherwerk und ätherische Öle begleiten meditative Prozesse auf heilkräftige Art.

Du bist versiert im Kartenlegen? Wunderbar, es ist ein Geschenk für deine Frauen, Impulse aus Kartendecks zu erhalten. Bist du Astrologin oder sind dir der Lauf der Planeten und ihre Qualitäten vertraut? Dann erzähle etwas über die Zeitqualität in deinem Frauenkreis. Oder gestalte einen Frauenkreis unter einer Planeten-Qualität. Bist du Aufstellungsleiterin, bietet es sich förmlich an, hin und wieder auch Themen in deinen Frauenkreisen aufzustellen. Verwende Buntstifte, Malfarben, Ölkreiden oder vielleicht sogar Fingerfarben und lade die Frauen ein, ihre Prozesse mit Malen oder Zeichnen auszudrücken. Wichtig ist es, mit den unterschiedlichsten Werkzeugen und Methoden die Frauen aus deinem Frauenkreis abzuholen.

Noch was ganz Wichtiges: unsere Sinneswahrnehmung. Wir können sehen, hören, riechen, schmecken und fühlen. Das sind die klassischen fünf Sinne. Unseren berühmten sechsten Sinn lassen wir jetzt mal kurz beiseite.

Interessant ist, dass diese Sinneswahrnehmungen kulturabhängig zu sein scheinen. In einer weltweit durchgeführten Studie[14] hat man festgestellt, dass es offenbar keine festgelegte Hierarchie hinsichtlich der Ausprägung der Sinne gibt. Vielmehr scheint es sehr wohl kulturell bedingt zu sein, wie die Sinneswahrnehmung stattfindet. Bei Völkern mit stark musikalisch geprägten Traditionen nahmen akustische Sinneseindrücke einen größeren Raum ein. Der Geruchssinn war bei den Völkern mit einer Lebensweise als Jäger und Sammler am stärksten ausgeprägt. So kann man zum Beispiel davon ausgehen, dass Menschen, die von Kind auf musisch erzogen wurden, eher auditiv[15] veranlagt sind. Wie bei ca. elf Prozent der Menschen deren bevorzugter Sinneskanal das „Hören“ ist. Übrigens: fällt ein Sinneskanal aus, wird der Körper dies mit den anderen Sinnen ausgleichen. Tiere leben uns das ausgezeichnet vor.

In unserer Kultur sind ca. achtzig Prozent der Menschen visuell orientiert. Dies bedeutet, dass sie mehrheitlich die Umgebung über das Sehen wahrnehmen. Augen-Menschen müssen die Dinge selber sehen. Könnte sein, dass sie dir zum Beispiel das Handy aus der Hand nehmen, um die Nachricht „selbst zu sehen“. Der bevorzugte Kanal für die Informationsaufnahme ist eben das Auge. Wenn sie etwas beschreiben, könnte das so klingen: „Wenn ich aus dem Fenster *blicke*, freut es mich so, dass ich einen strahlend blauen Himmel *sehe*.“ Oder: „Kannst du nicht endlich mal zu mir *her-schauen*?“. Typische Redewendungen könnten sein: „Das *sieht* echt gut aus.“ Oder: „Ich stelle mir das so vor...“ Oder: „Ich *blicke* da nicht mehr durch.“ Visuell orientierte Menschen verwenden gern Wörter wie: durchblicken, schauen, vorstellen. Sie beschreiben gern auch in Formen und Farben.

14) Quelle: Asifa Majid (Max-Planck-Institut für Psycholinguistik, Nijmegen) et al., Proceedings of the National Academy of Sciences (PNAS), doi: 10.1073/pnas.1720419115

15) Auditiv: das Hören, den Gehörsinn betreffend, darauf beruhend

Kennst du Menschen, die sich ihr Lernpensum ins Diktiergerät sprechen? Bei Vorträgen oder während des Schulunterrichts schauen manche Menschen – Erwachsene ebenso wie Kinder – aus dem Fenster und können trotzdem alles ganz genau widergeben.. Sie nehmen Informationen bevorzugt über das „Hören“ auf. Bei ihnen klingt das zum Beispiel so: „Wenn ich aus dem Fenster blicke, kann ich förmlich die Vögel zwitschern und den Wind blasen *hören*.“ Typische Redewendungen sind: „Das *klingt* gut.“ Oder: „Das *hört* sich gut an.“ Im Wortschatz des Auditiven findest du Wörter wie: hören oder besprechen.

Manche Menschen sind eher kinästhetisch veranlagt, das bedeutet, sie müssen fühlen, müssen etwas angreifen. Für sie stehen die Gefühle im Vordergrund, die sie häufig versuchen zu beschreiben. Typische Redewendungen sind: „Das fühlt sich gut an.“ Oder: „Das bekomme ich schon in den Griff.“ Im Wortschatz eines Kinästheten finden sich Begriffe wie: spüren, fühlen, greifbar, griffig, Gefühl.

Fragst du dich gerade, welcher Typ du bist? Oder hast du schon eine Ahnung? Als visueller Typ wird beim Gedanken an deine erste Liebe plötzlich ein Bild auftauchen. Bist du eher ein auditiver Typ, dann hast du sofort ein Lied oder eine Melodie präsent. Als Kinästhetin wirst du dich möglicherweise an das schöne Gefühl oder die kuschelige Energie erinnern. Normalerweise dominiert ein Wahrnehmungstyp und ein zweiter gesellt sich dazu. Es könnte also durchaus sein, dass du eine stark visuell orientierte Typin bist mit einem gleich starken kinästhetischen Ansatz.

Warum sprechen wir hier nun so ausführlich darüber? Im Idealfall möchtest du doch alle Frauen in deinem Frauenkreis erreichen. Oder? Jetzt wissen wir aber, dass es verschiedene Wahrnehmungstypen gibt. Je nachdem stehen unterschiedliche Werkzeuge zur Verfügung. Daher ist es klug, im Frauenkreis alle fünf Sinne anzusprechen. Weil du ja sowohl die visuell orientierten Frauen erreichen möchtest als auch die auditiven oder Frauen mit vorwiegend kinästhetischer Wahrnehmung. Praktisch gesehen könnte es so sein, dass du ein Kartendeck verwendest (visuell) oder einen optisch schönen Innenkreis gestaltest (visuell), mit einer Räucherung oder ätherischen Ölen (olfaktorisch) die Meditation begleitest und mit Musik (auditiv) den Abschlussprozess deines Frauenkreises einleitest. Ein Tanz oder die Verwendung von Tüchern und Stoffen spricht speziell die Frauen an, deren bevorzugter Sinneskanal der kinästhetische ist.

Weißt du schon, dass deine Frauen eher visuelle Wahrnehmungstypen sind, verwendest du Bilder, Grafiken, eventuell Skripts oder zeigst Videos. Du gestaltest die Umgebung schön und ansprechend. Möchtest du die auditiven Teilnehmerinnen gut erreichen, dann leite Gespräche ein, bitte um Wortmeldungen oder lass auch mal eine Diskussion zu. Mit Gruppenübungen oder Körperarbeit erreichst du Frauen gut, die eher „fühlen“. Verstehst du, worauf ich hinauswill? Beobachte deine Frauen. Nimm wahr, wie sie sich ausdrücken. Achte auf ihre Wortwahl. Schicke Information auf den Sinnenkanälen, derer sie sich bevorzugt bedienen. Es ist ein Geschenk für Frauen in deinem Frauenkreis, dass sie Informationen mit allen Sinnen erfahren dürfen.

Erweitere deinen eigenen Wortschatz und bediene dich dessen der Teilnehmerinnen. Verwende die Begriffe des jeweiligen Wahrnehmungstyps, um mit den Frauen zu schwingen.

„Wie spürt/fühlt sich das für dich an?“

„Wie schaut das für dich aus?“

„Wie hört sich das für dich an?“

Verwende ätherische Öle oder Räucherwerk unaufdringlich im Hintergrund. Denke daran, dass viele Menschen Unverträglichkeiten haben und auf Kräuter oder Öle reagieren könnten. Auch Musik und Lautstärke bedürfen eines sparsamen Einsatzes. Gerade in der heutigen Zeit, in welcher Reizflutung allgegenwärtig ist, ist ein überlegter Einsatz wesentlich. Sei dir immer bewusst, dass weniger mehr ist.

Bevor wir in die Tiefe gehen: Ganz egal, welches Werkzeug du verwendest. Es versteht sich von selbst, achtsam mit den Themen und der jeweiligen Methode umzugehen. Werkzeuge, die dir wenig vertraut sind, bedürfen der Übung. Du kannst vorher nie wissen, was genau welchen Prozess bei deiner Teilnehmerin auslöst.

3.1. Atmen und Meditation

Atmen

Atem ist Leben. Unser Erdendasein startet mit einem tiefen Atemzug und es endet mit dem letzten. Dieser Vorgang funktioniert ohne unser Zutun. Atmen, obwohl lebenswichtig, führt ein Schattendasein in unserer aktiven Welt. Doch steuert es all unsere Lebensprozesse. Wir können längere Zeit auf Nahrung verzichten, doch ohne Atem gibt es kein Leben.

Er passt sich nicht nur unseren Emotionen und körperlichen Zuständen an, er spiegelt sie auch wider. Wenn wir erschrecken, halten wir die Luft an. Strengen wir uns körperlich an, atmen wir schneller und tiefer. Wenn wir eine Belastung abschütteln konnten, atmen wir erleichtert auf. Sind wir im Stress, atmen wir kürzer und flacher. Sind wir in der Entspannung, ruhiger und gleichmäßiger.

Wie läuft denn der Atmen-Vorgang rein körperlich ab? Die Lunge versorgt unseren Körper mit Sauerstoff, so vereinfachen wir. Aber in Wahrheit wird die wirkliche Atemarbeit vom Zwerchfell geleistet. Dieser Atem-Muskel spannt sich für die Einatmung an, zieht die Lungenflügel nach unten und erweitert somit den Lungenraum. Dies wird von den Rippenmuskeln noch unterstützt. Dieser Unterdruck „saugt" dann praktisch die Luft an und wir atmen ein. Die Luft, die wir einatmen, gelangt durch Mund oder Nase über die Luftröhre in die Bronchien und weiter in die Lungenbläschen. Hier findet der sogenannte Gasaustausch statt. Vereinfacht gesagt: Sauerstoff in die Zelle, Kohledioxid wird abgegeben und ausgeatmet. Das mit Sauerstoff angereicherte Blut wird somit in den großen Blutkreislauf gepumpt und alle wichtigen Organe damit versorgt. Die (passive) Ausatmung ist nun umgekehrt. Nun verkleinern sich Lungenraum und Brustkorb, das Zwerchfell bewegt sich wieder nach oben. Die mit Kohlendioxid angereicherte Ausatmungsluft wird ausgestoßen.[16]

Soweit zur Technik. Unser Körper hat oder hätte einen perfekten Prozess eingerichtet. Nur leider haben wir Menschen uns eine ungesunde Atmung angeeignet. Zuviel Stress. Ausharren in unguten Lebenssituationen. Ängste. Fazit: In viel zu vielen angestrengten, stressigen und angstvollen Lebenssituationen atmen wir zu kurz und zu flach. Mehr, als dass sich unser Brustkorb hebt und senkt, tut sich nichts. Das Problem daran: Bei dieser sogenannten Brustatmung nehmen wir zu wenig frische Luft auf. Es gelangt zu wenig Sauerstoff ins Blut. Die Folgen sind spürbar und führen auf Dauer zu einer Reihe von Beschwerden. Kopfschmerzen, Magen-Darm-Probleme und Konzentrationsschwäche sind nur einige davon. Aber um wieder zu unserem Thema zurückzukehren:

Wenn du Atem-Übungen anleitest, liebe Schatzheberin, ist es unumgänglich, diese Körpervorgänge zu kennen. So nebenbei: Dies kann wunderbar auch in eine Atem-Meditation eingebaut werden. Weiters ist es wesentlich zu erkennen, ob deine Teilnehmerin in den Bauch atmet oder noch in der Brustatmung (ge-

16) http://brauner-lungenarzt.de/media/wie_funktioniert_unsere_atmung.pdf

ringe Sauerstoffzufuhr!) ist. Je nach Übung oder gewünschtem Ziel leiten wir unsere Frauen zu Bauch- oder Zwerchfellatmung an. Diese Atemtechnik zieht viel Sauerstoff in die Lungen ein und ist daher die erstrebenswerte. Eine Brustatmung ist dann gegeben, wenn sich nur der Brustkorb wölbt. Dass ist zum Beispiel auch dann der Fall, wenn wir den Bauch einziehen, um schlanker zu wirken. Das führt automatisch zu einer geringeren Sauerstoffzufuhr, einer erhöhten Atemfrequenz und somit in die Anspannung. Möchtest du deinen Körper optimal mit Sauerstoff versorgen, dann vergiss fürs Erste deinen Bauch und lass deinen Atem fließen.

Einatmen

Ich arbeite in meinen Gruppen ausschließlich über das Einatmen durch die Nase. Der Hauptgrund ist, dass die Nasenatmung das parasympathische Nervensystem aktiviert. Schon wieder so ein Fachbegriff, nicht wahr? Es lohnt sich allerdings, gewisse Begriffe im Gedächtnis zu behalten. Deswegen, weil es der Teil des vegetativen Nervensystems ist, welcher für Entspannung, Regenration und Stressabbau zuständig ist. Die Mundatmung hingegen aktiviert den Sympathikus. Der Teil des Systems, der für eine Leistungssteigerung verantwortlich ist. Aber wir wollen unsere Gruppen ja in die Ruhe bringen. Somit wird uns dieser Begriff noch ein Weilchen begleiten.

Das Atmen durch die Nase stimuliert nicht nur den Geruchsnerv, sondern über den Hypothalamus auch unsere (oft unterschätzte) Zirbeldrüse. Ein winziges Organ, aber total wichtig für unsere körperliche, geistige und spirituelle Gesundheit. Durch den größeren Luftwiderstand bei der Nasenatmung wird zusätzlich auch unser Zwerchfell trainiert, was unserer Bauchatmung zugutekommt. Alles Gründe für das Einatmen durch die Nase.

Ausatmen

Beruhigende Atemübungen legen Wert auf ein langes Ausatmen. Immer eine Spur länger als eingeatmet wird. Dies aktiviert ebenso den Parasympathikus, den Teil unseres Nervensystems, der für Entspannung zuständig ist. Den kennen wir nun schon. Nicht wahr? Der nicht nur für Entspannung sorgt, sondern auch Blutdruck und die Herzfrequenz senkt. So nebenbei. In diesem Zustand kann der Körper regenerieren und heil werden. Ausgeatmet wird nun je nach Atemtechnik durch die Nase oder den Mund.

Nun ist es genug. Wir haben nun ausführlich Fachbegriffe gewälzt. Ich empfehle dir, dich in diese körperliche Thematik „reinzulesen". Um Gruppen verantwortungsvoll in Atem-Übungen zu schicken, ist es aus meiner Sicht unabdingbar wichtig, sich mit ein paar Grundbegriffen aus Vorgängen im Körper auseinanderzusetzen.

Während du dies liest, wirst du automatisch auf deine Atmung achten, nehme ich mal an. Ertappt? Ich vermute auch, dass du einen tiefen Atemzug genommen hast, da du nun bewusst deine Atmung wahrnimmst. Sehr gut, somit können wir in die Praxis gehen. Ich möchte dir gern ein paar Formulierungen anbieten. Bitte denke daran: Übungen die dir nicht vertraut sind, wende niemals sofort in der Gruppe an. Die umsichtige Schatzheberin wird neue Übungen immer zuerst selbst oder im versierten Freundeskreis testen.

Für alle Atemübungen gilt: Kein Druck. Kein Ehrgeiz. Es gibt NICHTS zu erreichen. Der Atem soll und darf frei fließen. Tiefes Einatmen ist einfach ein Einatmen in den Bauchbereich. Es bedeutet NICHT, solange einzuatmen, bis du Sternchen siehst oder dir schwindlig wird. Jede unnatürliche Verlängerung des Ein- oder Ausatmens verspannt den Atemapparat und verkehrt die Wirkung dadurch ins Gegenteil.

Somit: Ein kontinuierlicher Fokus auf eine gute Atem-Praxis versorgt unseren ganzen Körper mit lebensnotwendigem Sauerstoff und steigert unser Wohlbefinden. Er macht eine gelassenere Grundeinstellung. Schärft unseren Geist und unsere Konzentrationsfähigkeit. Wenn das nicht ein paar gute Gründe sind, um öfter mal durchzuatmen!

Die folgenden Atemtechniken wende ich in meinen Gruppen gemeinsam mit der Meditation oder als einfache Atemübung an. Das Ziel ist eine ganzheitliche Entspannung. Ein „Runterkommen" aus dem Alltag. Eine Vorbereitung auf das eigentliche Thema der Meditation.

Einstieg für alle Atemübungen:

„Schließe die Augen, lass dich nieder [Sprechpause] es ist nun Zeit für Entspannung. Nimm nun deine Position ein. Möchtest du liegen? Möchtest du sitzen? [Sprechpause] Tu das, was dir gut tut und sich gut anfühlt. [Sprechpause] Nachdem die Energien des ganzen Tages noch mitschwingen, lade ich dich ein, einfach einmal tief einzuatmen, Luft zu holen und beim Ausatmen loszulassen.... [Sprechpause]

Noch einmal: tief einatmen...kurz die Luft anhalten und dann beim Ausatmen die Schultern fallenlassen. [Sprechpause] Tief einatmen... kurz die Luft anhalten und die Gesichtsmuskulatur entspannen. Ja ... du darfst die Wangenmuskulatur fallenlassen, die Muskulatur um die Augen entspannen...und deine Augen langsam schließen."

Zur Ruhe kommen

Wirkung: Entspannung. Körper und Psyche in die Ruhe führen

Dauer: ab fünf Minuten wirkungsvoll

„Richte die Aufmerksamkeit auf deine Atmung. Atme nun ganz langsam durch deine Nase ein ...und durch den Mund wieder aus. Durch die Nase ein ... und durch den Mund wieder aus. Lass deinen Gedanken freien Lauf. Der Gedankenfluss wird sich mit deiner Atmung beruhigen. Atme durch deine Nase ein ...und durch den Mund wieder aus. Durch die Nase ein ... und durch den Mund wieder aus.

Zähle nun während des Einatmens bis drei und halte dann einen kurzen Moment den Atem an ... und blase dann ganz bewusst mit geöffnetem Mund deinen Atem aus.

Zähle nun während des Einatmens nochmals bis drei, halte dann einen kurzen Moment den Atem an ... und blase dann ganz bewusst mit geöffnetem Mund deinen Atem aus.

Nun wird der Atem ruhiger ... atme durch die Nase ein [leiser sprechen] und durch den Mund wieder aus. Durch die Nase ein und durch den Mund wieder aus. Atme noch ein paarmal entspannt ein und aus und beende dann die Atem-Meditation."

Bauchatmung

Wirkung: Atemmuskeln aktivieren und Versorgung des Körpers mit Sauerstoff

Dauer: ab fünf Minuten wirkungsvoll

„Lege nun eine Hand auf deinen Bauch, damit du deine Atmung spüren und beobachten kannst. Atme nun durch die Nase ein und wölbe deinen Bauch sanft nach außen. Du kannst beobachten, wie sich deine Hand hebt.

Atme nun wieder aus und ziehe dabei deinen Bauch nach innen.
Atme nun wieder durch die Nase ein, wölbe deinen Bauch sanft deiner Hand entgegen. Atme nun wieder aus und ziehe dabei deinen Bauch nach innen.
Wiederhole das Atemmuster noch zwei Mal.
Übe nun beim nächsten Einatmen mit deiner Hand einen sanften Druck aus, um die Atembewegungen etwas zu reduzieren. Es fühlt sich so an, als würdest du gegen deine Hand atmen. Wiederhole noch zwei Mal.
Reduziere nun die Tiefe von Atemzug zu Atemzug immer mehr.
Atme kürzer und mit weniger Volumen ein. Der Atem wird ruhiger und sanfter.
Das Ausatmen wird ruhiger und sanfter. Wiederhole noch zwei Mal.
Atme ruhig und entspannt weiter. Beende dann, sobald es sich gut anfühlt, diese Atem-Meditation.

Pranayama (Atemzüge zählen)

Wirkung: Entspannung, Stressabbau, Schlaf unterstützend
Dauer: zehn Minuten
„Konzentriere dich nun ganz auf deine Atmung. (Du atmest vier Sekunden lang ein und anschließend sechs Sekunden lang aus.) Nimm einen tiefen Atemzug und beginne dann mit der Übung. Du atmest ein und zähle während des Einatmens innerlich 1 – 2 – 3 – 4 ... und dann atmest du aus und zählst innerlich 1 – 2 – 3 – 4 – 5 – 6.“
Beende dann die Atem-Meditation.

Einstieg in eine Meditation

Ziel: Vorbereitung auf eine geführte Meditation
Dauer: unterschiedlich
„Öffne dich für diesen kostbaren Moment. Sei absichtslos. Mach dir klar, dass allein dieses Sitzen, das Nichtstun schon unendlich kostbar ist in der heutigen Zeit. Selbst wenn dein Verstand scheinbar jetzt noch aktiv und rege ist...auf einer tiefen Ebene hörst du zu, lauscht den Worten öffnest dich bereits jetzt für diese wohltuende Traumreise...lass den Verstand einfach plätschern... [Sprechpause]

Richte die Aufmerksamkeit auf deinen Körper. Stelle dir nun vor, dass du bis in deinen Bauchnabel atmest. Sieh wie dein Bauchnabel von frischer Lebensenergie umspült wird und all deine Zellen durchflutet. [Sprechpause]

Nun atme in deinen Unterbauch und wölbe ihn mit deinem Atem so gut es geht hervor – auch deine Hüften werden davon erfüllt – und all deine Zellen werden mit frischer Lebensenergie durchflutet. [Sprechpause]

Die nächsten Atemzüge gehen bis tief zum Schambein und zu deinem Hara/deiner Mitte – atme mehrmals bis in dein Wurzelchakra [Sprechpause] und erfülle alle deine Zellen mit starker Lebensenergie. [Sprechpause]

Atme nun durch deinen ganzen Oberkörper über die Oberschenkel bis zu deinen Knien und flute alle Zellen mit lebendiger Bewegungsenergie. [Sprechpause]

Sende nun die nächsten Atemzüge durch deinen ganzen Körper über die Unterschenkel und die Fußgelenke bis in die Zehenspitzen.

Lass den Atem mehrere Atemzüge lang durch deinen Körper fließen. Richte nun deine Aufmerksamkeit auf."

Abschließend:

Atem-Techniken sind ein wunderbarer Einstieg in die Meditationspraxis. Sie sind (fast) überall und auch als Anfängerin schon nach wenigen Malen ohne Anleitung durchführbar. Es braucht nur wenige Minuten deiner Tageszeit. Also liebe Schatzheberin, wenn du dich bis jetzt noch nicht damit befasst hast, dann ist JETZT ein guter Zeitpunkt!

Beachtenswert:

Bitte denke daran, dich im Vorfeld zu informieren, ob deine Frauen körperlich und psychisch gesund sind. Teilnehmerinnen mit Krankheiten der Lunge, wie Asthma, COPD oder Frauen, die psychisch vorbelastet sind durch Panikattacken, Depression etc., reagieren möglicherweise sehr sensibel auf Atemübungen, da sie Atemnot als lebensbedrohlichen Zustand kennen. Hier bedarf es einer sensiblen Abstimmung der Atemübungen. Diese Teilnehmerinnen habe ich in meinen Frauenkreisen während der Übungen immer besonders im Auge behalten.

Techniken wie Holotrope Atmung, gewollte Hyperventilation, verbundenen Atem oder Hechelatmung, sowie Techniken, die starke emotionale Ausbrüche zum Ziel haben, bedürfen einer Ausbildung. Bist du eine ausgebildete und erfahrene Therapeutin in diesem Bereich, sind diese Techniken aber ein weiteres wertvolles Werkzeug.

Meditation

Zu Anfang hat man bei diesem Begriff häufig das Bild eines Mönchs oder eines Buddhas, der still unter einem Baum sitzt und das Nicht-Denken praktiziert. Oder die Meditation wird nur als Entspannungsübung angesehen. Damit wird man dieser Geistesübung keinesfalls gerecht. Denn Meditation ist so farbenprächtig und vielfältig wie ein bunter Regenbogen. Anspruchsvoll und einfach zugleich. Ich liebe diese Arbeit. Kein anderes Werkzeug ist so wirksam, um damit innere Ruhe und Entspannung zu finden und gleichzeitig mit Leichtigkeit Impulse für herausfordernde Themen zu erfahren. Jeder kann es. Du kann es überall tun. Du kannst es allein oder in der Gruppe tun. Du brauchst lediglich deine Motivation und deinen Willen dazu. Es ist mit Garantie für jeden etwas dabei. Es gibt aktive und passive Meditationen. Meditationen in Bewegung, mit rhythmischen Elementen oder in kompletter Bewegungslosigkeit. Atem-, Geh- und Lachmeditation. Tanzmeditation. Achtsamkeitsmeditation. Die geführte Meditation oder Traumreisen. Chakren-Meditation. Progressive Muskelentspannung (PMR) nach Jacobsen. MBSR-Meditation (Mindfulness-Based Stress Reduction) – eine achtsamkeitsbasierte Meditation. Kampfkunst wird meditativ ausgeführt. Tantra hat einen meditativen Fokus.

Ein wahrer Segen ist es, dass die positive Wirkung von Meditation auf den Körper nun sogar schon wissenschaftlich bewiesen ist. Somit hat auch Achtsamkeit einen Stellenwert bekommen, Meditation wird gesellschaftsfähig und hat auch schon den Einzug in die Unternehmen gemacht. Ein wunderbarer Trend. Jahrzehntelang wurde Meditation mit Esoterik[17], wie dieser Begriff landläufig verwendet wird, in einen Topf geworfen und belächelt. Aber das ist ja mit vielen Dingen so, die uns un-begreifbar oder un-verständlich sind. Un-bewusste Menschen verwenden dieses Wort häufig, wenn es um Dinge geht, die sie nicht be-

17) Esoterik, aus dem Altgriechischen *esoterikos* meint *innerlich*, dem *inneren Bereich zugehörig*

greifen können. Wieder eine Erinnerung, wie wichtig es ist, auf eine korrekte Begriffswahl zu achten. Wie wichtig es ist, nicht zu (ver-)urteilen.

Aber zurück zur Meditation: Somit sind wir wieder einen Schritt weiter. Die konservative Sichtweise auf alternative Methoden, für mehr Leichtigkeit, Gelassenheit und letztendlich Gesundheit im Alltag, ist aufgeweicht. Kontinuierliche Meditationspraxis führt zu mehr Gelassenheit, Zentrierung und Entspannung im Alltag. Unabhängig davon, ob du zehn Minuten oder eine Stunde pro Tag meditierst. Unabhängig davon, welche Meditationsart du wählst. Aus meiner eigenen Meditationspraxis darf ich dir berichten, dass allein schon die Gelassenheit, die der regelmäßigen Geistesübung entspringt, ein Wundermittel ist, um besser mit vielen Alltagssituationen umgehen zu können.

Wenden wir uns einen Augenblick nochmal der Wissenschaft zu. Dankenswerterweise wurden die Effekte von Meditation auf die psychische und physische Gesundheit wissenschaftlich untersucht. Aufgrund bildgebender Verfahren in der medizinischen Diagnostik konnte man endlich nachweisen, dass sich Gehirnregionen mit regelmäßigem Meditieren verändern. Unser Reptiliengehirn, welches für Instinkte und Reflexe zuständig ist, entspannt sich und ist dadurch weniger aktiv. Was bedeutet, dass wir zum Beispiel durch Konflikte weniger schnell gestresst sind bzw. sie weniger irrational beurteilen. Wir sind daher weniger schnell auf der Flucht oder auf Kampf eingestellt. Um es mal ganz pragmatisch zu sagen. Die Teile des Gehirns, die für Kreativität und Konzentration zuständig sind, sind aktiver. Eine Zunahme bestimmter Gehirnregionen an Dicke und Dichte hilft uns, geistig fit zu bleiben. Es wurden positive Auswirkungen auf Cholesterinspiegel, Immunsystem, Entzündungen im Körper verzeichnet, sowie eine Verlangsamung des Alterungsprozesses beobachtet. Was nun allgemein gesehen eine sehr gute Entwicklung ist hinsichtlich unserer Volkskrankheiten Depression, Herzinfarkt, Bluthochdruck und Burnout. Die Meditation erreicht also auch die Schulmedizin. Es gibt hierzu bereits viele Publikationen und die Wissenschaft steht noch komplett am Anfang. Was ahnen lässt, dass hier noch viel Luft nach oben ist.

Also – unabhängig davon, ob du bereits ein Profi bist oder erst in die Meditationspraxis hineinschnupperst, fasse ich mal zusammen:

Begriff

Rein begrifflich gesehen, ist Meditation eine Schulung des Geistes, die Selbstdisziplin, Intention (Absicht) und reines Betrachten, ohne zu urteilen erfordert. Die Selbstdisziplin der regelmäßigen Übungen. Die Ausrichtung auf einen Zweck. Wahrzunehmen ohne zu urteilen ist wahrscheinlich die härteste Übung. Also für mich war das jedenfalls so. Übrigens eine Übung, die sich lohnt in den Alltag zu übernehmen. Zu sehen, dass Aussagen und Meinungen mehr mit demjenigen zu tun haben, der sie vertritt, als mit mir selbst, erleichtert das Leben schon ungemein. Zu erkennen, dass das Leben immer in göttlicher, also universeller Ordnung ist, erspart einem eine Menge Denkfalten.

> Frage an dich selbst: Wieviel Zeit möchtest du der täglichen Meditation widmen? (Erinnerung: zehn Minuten täglich sind besser als eine Stunde wöchentlich!) Überfordere dich nicht.

Intention

Meditation hat IMMER eine Intention. Dies bedeutet, es ist wie im echten Leben. Du solltest wissen, was du erreichen möchtest. Auch mit langjähriger Meditationspraxis empfiehlt es sich, hin und wieder die Absicht dahinter zu erfragen. Geht es dir um Ruhe, Gelassenheit und Entspannung? Um mehr Achtsamkeit? Oder legst du deinen Fokus eher auf spirituelle Entwicklung? Fokussierst du auf Gesundheit oder persönliche Reifung?

Auf meinem Weg habe ich viele Arten der Meditation ausprobiert. Zen-Meditation (passive Meditation) hat mich anfangs fasziniert. Ich hielt es für den Inbegriff des meditativen Übens. Zen hat einen sehr einfachen Ablauf, wie ich meine, aber doch anspruchsvoll. Diese Meditation richtet den Fokus auf den Atem und den gegenwärtigen Moment. Ausschließlich. Dies erforderte die Disziplin des Sitzens und des „Aushaltens“. Bis ich erkannte, dass ich sowieso eine Meisterin des „Durchhaltens“ bin und es für mich eher um das Freisetzen von Energie geht als um das Halten. Meine Zen-Übungen hatten damals wenig mit Meditation zu tun. Es war ein stetiger Kampf darum, die Sitzposition zu halten und im Moment zu bleiben. Was nicht ausschließt, dass du im Rahmen dieser Kontemplation genau DEINS bei der ZEN-Meditation findest. Relativ bald entdeckte ich Meditationen von OSHO (aktive Meditation) für mich. Diese begleiten mich bis heute. Der Ablauf und die Intensität der Meditationen sprechen mich sehr an, auch die Vielfalt. Die Meditationen von Osho sind tiefgehend und das genaue Gegenteil von dem, was man sich unter einer Meditation vorstellt. Dynamik, Action, Bewegung wechselt sich mit Stille ab. Es ist körperlich herausfordernd. Das aktive Auspowern gibt verdrängen Konflikten und Emotionen Raum. Aus meiner Sicht ist es erst dadurch möglich wahre Stille zu erlangen. Möchte ich das Gedanken-

Karussell abstellen oder meinen Emotionen Raum geben, dann fällt meine Wahl auf eine der OSHO-Meditationen. Eine schöne Einstiegsmeditation ist aus meiner Sicht die Kundalini-Meditation. Dies ist auch eine wunderbare Abend-Meditation. Ist nicht genug Zeit oder möchtest du es ruhiger haben, dann gibt es noch Mantra-Meditationen oder die Achtsamkeits-Meditation Vipassana. Ist dir körperliche Entspannung besonders wichtig, dann versuche dich an der Progressiven Muskelentspannung nach Jacobsen. In den Männergruppen meiner Seminare hat die PMR immer großen Anklang gefunden. Dann gibt es noch die große Vielfalt an geführten Meditationen und Traum- bzw. Fantasiereisen. Die geführten Meditationen sind für Anfänger ein guter Einstieg. Du wählst das Thema der Meditation und eine Stimme, die dich anspricht. Grundsätzlich empfehle ich: Für einen Neueinstieg in die Meditationspraxis schmökere zu Beginn in der Literatur und wende dich dann an eine erfahrene Meditations-Lehrerin. Sie gibt dir die Sicherheit und den Halt bei anfänglicher Unsicherheit. So kannst du in Ruhe prüfen, welche Meditationsrichtung für dich selbst die Beste ist.

> Frage an dich selbst: Was ist dein innigster Wunsch bei der Meditation zu erfahren?

Grundregeln

- Wähle eine Meditation, die dich anspricht!
- Lass dich darauf ein. Aber wenn es nach mehreren Anläufen nicht DEINE ist, dann gehe weiter!
- Erwarte nichts. Steig aus dem Wettbewerb mit dir selber aus – alles ist gut so wie es ist!
- Höre auf zu zweifeln und analysieren. Vergleiche dich nicht mit anderen. Es ist gut so, wie es ist.
- Die Meditation darf inhaltlich herausfordernd sein – aber soll NICHT stressen!
- Bleib dran. Täglich mindestens zehn Minuten.

Liebe Schatzheberin, jetzt haben wir so viel über Meditation gesprochen. All das betrifft deine persönliche Meditationspraxis. Bitte bedenke, wenn du im Rahmen der Frauengruppen Meditationen anleitest, dass dasselbe auch dafür gilt. Sonnenklar ist, dass die verantwortungsvolle Schatzheberin nur mit vertrauten Meditationen in der Gruppe arbeitet. Aktive und dynamische Meditationen nur in Gruppen, die du gut kennst, vorausgesetzt, dir ist die Übung selbst sehr gut vertraut. In fortgeschrittenen und erfahrenen Gruppen ist es meiner Ansicht auch möglich, Neuland im Meditationsbereich zu betreten, allerdings erfordert es eine gute Vorbereitung und die Zustimmung jeder einzelnen Frau.

Beachtenswert: Bitte auch hier: keine Teilnehmerinnen mit instabiler psychischer Gesundheit, mit Psychosen sowie mit Depressionen. Es sei denn, du bist hierfür besonders ausgebildet.

Tipp

In meinen Frauenkreisen hat die Meditation einen hohen Stellenwert. Ich passe die Übung dem jeweiligen Thema an. Zu den meisten Themen schreibe ich selber geführte Meditationen. Themen wie Entspannung, Selbstwert, Selbstachtung, Vergebung, Dankbarkeit, Heilung, die Göttin in mir, Frequenz erhöhen, bieten sich an und passen wunderbar. Geht es um Loslassen, Wut, Zorn oder Energie freisetzen, wähle ich (in der erfahrenen Gruppe) eine OSHO- oder eine Tanz-Meditation.

3.2. Gesang, Tanz und Musik

Gesang und Tanz spielten in allen Kulturen eine wichtige Rolle als die älteste Form menschlichen Ausdrucks von Gefühlen. Sie transportieren eine ungebrochene Lebensenergie. Archaische Tanzmuster berühren uns bis in die Tiefe unserer Seele. Sie bringen dir die alten Weisheiten ins Bewusstsein.

Das ist so seit Menschengedenken, so dass man kaum sagen kann, wann und wo der Ursprung war. Aus den Darstellungen auf Höhlenzeichnungen kann man nur vermuten, dass Tanz in dieser Form bereits in der Steinzeit eine Rolle gespielt hat. In der Menschheitsgeschichte setzte im Laufe der Zeit eine Formalisierung des Tanzes ein. Der religiöse Aspekt rückte immer mehr in den Hintergrund. Tanz wurde zunehmend reduziert auf ein gesellschaftliches Thema. Dann rückten Gesang und Tanz im Alltagsgeschehen immer mehr in den Hintergrund und wurden als Kunstform zunehmend perfektioniert.

Traditionell sieht man heute Volkstänze weltweit nur mehr bei Veranstaltungen oder rituellen Festen wie Hochzeiten oder Jahresfesten ausgebildeten Tänzern vorbehalten. Der „normale“ Mensch im Alltag ist üblicherweise zum Zusehen verdonnert. Mit dieser Entwicklung ist nicht nur ein wesentliches Mittel zum Ausdruck der Gefühlswelt nicht mehr vorhanden, sondern es fehlt auch an der Tradition und der Gemeinschaft, verbunden im Gesang und im Tanz. Aber Tanz ist ein Ausdruck der Seele. Tanzen macht glücklich. Tanzen ist Leben. Tanzen festigt das Wertesystem menschlicher Gemeinschaften.

Indigene Völker tanzen bei Jahreszeiten-Übergängen und bei Initiationsriten. Bei freudigen Ereignissen, wie Hochzeiten und Geburten. In einigen Kulturen auch bei Beerdigungen. Wir tanzen und singen uns – Gott sei Dank doch noch zumindest traditionell – rund um den Globus. Tanz ist nicht nur uns Frauen vorbehalten. Ich denke da nur an den beeindruckenden Kriegstanz der Maori-Männer in Neuseeland. Oder auch an den berühmten Sirtaki, der erst durch den Film „Alexis Sorbas“ Berühmtheit erlangte. Auch der volkstümliche Schuhplattler aus dem Ostalpenraum ist ein klassischer Tanz, in dem der Mann sich beim Tanz den Frauen präsentiert. Ein klassischer Tanz aus dem Orient gilt heute als typischer Frauentanz: der Bauchtanz. Ein unglaublich weiblicher Tanz, der die Fruchtbarkeit der Frau huldigt.

In Indien werden mit Tänzen ganze Geschichten erzählt. Was bedeutet das aber jetzt für dich als Schatzheberin?

Je nach Neigung und Vorbildung baust du den Tanz in deinen Frauenkreis ein. Ich selbst bevorzuge Freitanzen bzw. meditatives Tanzen. Also den Tanz aus der Meditation heraus und die freie Bewegung. Freitanzen ist eine wunderbare Möglichkeit, sich ganz dem Gefühl der Musik hinzugeben. Es gibt keine Tanzschritte und keinerlei Vorgaben. Somit auch keine Möglichkeit, etwas „falsch“ zu machen. Das ist für mich wesentlich.

Sehr beliebt sind auch traditionelle Kreistänze aus allen Herren Länder. Diese Tänze zählen zu den ältesten Tanzformen, getragen von der Kreis-Energie. Der Tanz könnte sich aufgrund des Kreises unendlich wiederholen. Vertraute, wiederkehrende Bewegungen. Je einfacher die Schritte sind, desto leichter kann sich frau die Abfolge merken und sich auf sich konzentrieren. Mit der Gruppe Eins werden. Ein vertrauter Kreistanz mit einer Gruppe Frauen hat stark meditativen Charakter und ist eine wunderbare Erfahrung. Du fühlst dich getragen und eingebunden in das gemeinsame urweibliche Feld.

Lieder die sich gut für erste Schritte eignen:

- Le' or chiyuchech (Das Licht deines Lächelns) – Ein israelisches Liebeslied
- Epo i taï taï é (alte hawaianische Volksweise) – oder auch Maori Song
- Hevenu shalom alechem (Wir wollen Frieden) – Israel

Dies ist nur ein Auszug, um ein Gefühl zu bekommen, welche Lieder sich eignen. Es gibt sehr gute Bücher und Vorlagen, um einzusteigen. Möchtest du Kreistänze in deinem Frauenkreis einbauen, lohnt es sich vorerst selbst einen zu besuchen. Suche für den Einstieg Kreistänze mit einer einfachen Schrittfolge aus. Die Erfahrung zeigt, dass je mehr frau sich merken muss, desto holpriger wird es und das Gruppengefühl verliert sich. Eine gute Möglichkeit ist es auch, ein und denselben Kreistanz in aufeinanderfolgenden Frauenkreisen einzubinden.

Fazit:

- Tanzen macht beweglich und baut Stress ab.
- Sehnen, Bänder und Organe sind stärker durchblutet.
- Das fördert eine gute Körperhaltung, Beweglichkeit und Ausdauer.
- Tanzen trainiert das Gedächtnis.
- Tanzen fördert die Balance und das Gleichgewicht.
- Es stärkt das Wahrnehmen der eigenen Körpergrenzen.
- Beim Tanzen wird Dopamin ausgeschüttet, somit macht Tanzen glücklich.
- Tanzeinlagen sollten in keinem Frauenkreis fehlen.

Musik

Wenn wir den Begriff „Musik" hören, dann denken wir an Rhythmus, an Musikinstrumente, an eine Melodie. An Gesang und Lieder. Auch Musik hat eine ausgesprochen positive Wirkung auf unseren Körper. Musik beeinflusst Herzschlag und Atemfrequenz. Wirkt sich auf Muskelspannung aus. Musik kann uns glücklich machen, motivieren, beflügeln, beruhigen. Unser limbisches System reagiert auf Musik. Das ist der Grund, warum beim Hören bestimmter Musikstükke eine Gänsehaut entsteht oder wir weinen müssen. Aber nicht nur das. Wer schon einmal gemeinsam Musik gemacht hat, weiß um die Verbundenheit, die beim gemeinsamen Musizieren entsteht. Bei indigenen Völkern wird bei der Arbeit miteinander gesungen. Musik kommt in allen Sprachen der Welt, in einer unglaublichen Vielfalt vor. Der Bogen spannt sich von der traditionellen spanischen Mandoline, über die afrikanischen Trommeln, das australische Didgeridoo bis hin zur volkstümlichen heimischen Ziehharmonika. Schauen wir uns aber mal die Wirkung von Musikstücken an.

Was hat jetzt unser Herzschlag mit der Wirkung von Musikstücken zu tun? Ein normaler Ruhepuls liegt bei ungefähr 70 Schlägen pro Minute. Dies bedeutet für unseren Körper „Ruhe". Jedes Musikstück, dass eine höhere Anzahl von Grundschlägen aufweist, wird daher von unserem Körper als – sagen wir mal – anregend empfunden. Liegt die Zahl der Grundschläge darunter, ist es für uns beruhigend. Aber wir müssen nicht zu zählen beginnen. Wir haben alle ein natürliches Gefühl dafür, welche Musikstücke welche Wirkung haben.

Kommen wir nun zu den Frauenkreisen zurück. Möchtest du gewisse Prozesse in deiner Gruppe mit Musik begleiten, dann gilt es nun zu differenzieren. Welche Wirkung möchtest du haben? Welche Prozesse möchtest du unterstützen.? Liebe Schatzheberin, ich bin überzeugt, du wirst die richtige Untermalung finden. Es macht Sinn und Freude, sich durch die spirituelle Musikszene „durchzuhören". So wirst du schnell ein Gespür dafür bekommen, welche Musikstücke sich gut für die Begleitung eines Prozesses eignen und welche weniger.

3.3. Mantra und Summen

Mantras oder Mantren sind eine uralte hinduistische Tradition und in Indien fester Bestandteil spiritueller Rituale. Das gleichmäßige Wiederholen von rhythmischen Klängen, Gesängen und Trommeln bewirkt einen gewissen Trancezustand. So nutzten die Hindus ihr Wissen, um den Geist mit Hilfe von Mantras in einen Zustand der Trance, Hypnose oder Meditation zu versetzen. Im Laufe der Zeit haben sich dann die uns bekannten spirituellen Mantras entwickelt, die jeweils vom religiösen Lehrer (Guru) an den Schüler übertragen wurden. Durch das wiederholte Rezitieren von Mantren produzieren wir Schwingungen, die eine ausgleichende und zentrierende Wirkung auf uns ausüben. Ein Mantra kann ein ganzer Satz sein oder ein längerer Vers. Die Wirkung lebt von der Wiederholung. Bist du trainiert, kannst du deinen Geist damit wunderbar zur Ruhe bringen.

Das bekannteste Mantra ist wohl die heilige Silbe OM. Diese Silbe steht für den Urknall im Universum, für „alles was ist" und nimmt bei Hindus und Buddhisten eine herausragende Stellung ein. Zeitlich gesehen lässt es sich bis in die heiligen indischen Schriften zurückverfolgen. OM MANI PADME HUM, ein weiteres bekanntes Mantra. Das des Mitgefühls und der Liebe. Im tibetischen Buddhismus das heiligste Mantra. Die sechs Silben, sind unglaublich kraftvoll, enthalten sie doch die Lehrreden des Buddha. Sie wirken reinigend und heilend. Aber nun genug der Theorie. Mantren gilt es zu erleben.

Auch hier gilt: Sind Mantren Neuland, dann erlaube dir, sie vorerst für dich allein zu erleben. Es braucht im ersten Schritt keine Gruppe, da es im Netz viele feine Videos gibt. Suche dir ein Stück aus, das sich für dich gut anfühlt. Gibt es etwas was dich daran stört, dann ist es nicht das Richtige für dich. Höre es immer wieder. Sprich das Mantra. Laut oder einfach nur in Gedanken. Rezitiere es, wenn sich der Moment anbietet. Meditiere damit. Lass dich darauf ein und nimm diese Erfahrung mit in den Frauenkreis. Nimm die Mantren mit, um auszugleichen, zu entspannen, zu harmonisieren und zu heilen.

Summen ist einer der einfachsten und doch tiefsten Klänge, die die menschliche Stimme erzeugen kann. Jedes Kind kann es. Es muss nicht gelernt und nicht geübt werden. Aus dem Stegreif kannst du die Frauen zum gemeinsamen Summen einladen. Wer jemals eine Summ-Meditation gemacht hat, weiß um die kraftvolle Wirkung dieser so einfachen Methode. Auch hier ist mittlerweile wissenschaftlich nachgewiesen, dass diese selbsterzeugten Vibrationen beruhigen, Blutdruck senken und sogar in den Schlaf helfen. Man erinnere sich nur an die heilende Wirkung des Schnurrens von Katzen. Braucht es Zentrierung, Verbindung, Heilung oder Reinigung, dann leite eine Summ-Meditation an. Solange, bis sich der Ton erschöpft. Lässt du die Frauen summen, so wie es ihr Atem und ihr Kehlkopf zulässt, wirst du merken, dass mit der Zeit eine wunderbare Melodie entsteht. Eine, die einzigartig ist und nur durch euch zustande kommt.

Braucht eine Teilnehmerin gesonderte Aufmerksamkeit, Anteilnahme oder Heilung, dann leite ich Summ- oder Mantra-Meditationen an und bitte die Frau, sich in das Zentrum des Kreises zu setzen. Sie wird diese Energie aufsaugen und in diesen heiligen Klängen baden.

Ein wundervolles und einfaches Werkzeug zugleich ist die Summ-Meditation von Osho – die NADA BRAHMA-Meditation. Sie verläuft in drei Phasen. Noch einfacher ist es, dreißig Minuten durchgehend zu summen, um dann fünfzehn Minuten in Stille zu sitzen und die Töne und Vibrationen nachwirken zu lassen. Wundervoll. Zellreinigend, Heilend.

3.4. Kräuter und Räuchern

Wo Räucherduft ist, dort sind die Götter. Sagt man seit jeher. Wenn nun der Mensch den Räucherduft einatmet, dann überträgt sich die göttliche Kraft. Dies zieht sich durch alle Kulturen, über alle Kontinente[18] Geräuchert wird bei Zeremonien, in Krankenräumen und in Speisekammern. In Ritualen, um Ahnen herbeizurufen, Räume zu reinigen, sich in Trance zu versetzen und Kontakt mit der Anderswelt aufzunehmen. Verwendet werden Harze, Kräuter und Dufthölzer. Rudolf Steiner[19] beschrieb es sehr schön: „Der Duft ist eine Brücke zur beseelten Welt". Räuchern ist pure Magie.

Aber gehen wir mal in die Praxis. Ich gehe davon aus, dass du mit Räuchern vertraut bist. Wenn nicht, dann starte mit der einfachsten Variante, den Räucherstäbchen. Räucherstäbchen sind dünne Stäbchen, die abgebrannt werden. Es ist eine schnelle Möglichkeit, aber doch sehr intensiv. Beachte hier, dass nicht alle Frauen Düfte gleich gut vertragen. Es empfiehlt sich, schon im Vorfeld zu klären, ob es eine Allergie gegen bestimmte Düfte gibt. Hast du mit Räuchern noch wenig Erfahrung, dann lies dich ein. Oder noch besser: Besuche einen guten Räuchershop. Lass dich von jemanden in die Materie einführen, der sein Wissen gern teilt.

Räuchern dürfte so alt wie das Feuer sein. Uralte schamanische Rituale werden mit dem Verräuchern von Kräutern und Harzen eingeläutet. Mit reinigenden Räucherbündeln aus Beifuß und weißem Salbei räuchern die Native Americans. Die Schwefeldämpfe beim Räuchern der Harze in der Antike dienten den Priesterinnen für ihre Orakel. Die siegreichen Römer räucherten Lorbeerblätter. Heimische Harze unserer Nadelhölzer, vermengt mit heimischen Heilkräutern, sollten im Mittelalter helfen, die Pest zu vertreiben.[20]

18) Räuchern zu heiligen Zeiten, freya Verlag, ISBN 978-3-99025-214-7

19) Rudolf Steiner (1861-1925, im heutigen Kroatien geboren) war Philosoph, Naturwissenschaftler und entwickelte die Anthroposophie als Geisteswissenschaft

20) Räuchern für die Seele, Annemarie Zobernig, Mankau Verlag

Die Wirkung des Räucherns steht und fällt mit der guten Qualität deiner Räucherware. Begleitest du ein Ritual und es braucht wirklich „Rauch", dann empfiehlt sich das Räuchern mit Kohle. Möchtest du nur einen feinen Duft abgeben, dann reicht ein kleines Stövchen mit einem Gitter, auf das du das Räucherwerk legst.

Ich möchte sehr ungern nun ganze Räucherbücher zitieren. Wiederholen, was in unzähligen, sehr guten Werken von Kräuterfrauen niedergeschrieben wurde. Ich lade dich deswegen auch hier zum Experimentieren ein. Besuche Räucher-Workshops und Shops. Lass dich beraten. Welche Düfte, welche Kräuter, welche Harze tun dir gut? Besorge dir eine gute Grundmischung für reinigende und schützende Rituale. Für Heilung. Es braucht keinen großen Grundstock. Meine Ausstattung beinhaltet: Räucherstäbe für die schnelle Inspiration, trockene Kräuter aus eigener Sammlung, Harze und Räuchermischungen aus meinem Lieblings-Räuchershop. Stövchen für den „kleinen" Duft und eine Räucherschale für Rituale. Räuchersand und Räucherkohle. Die heimischen Kräuter sammle und trockne ich über das Jahr selbst. Beifuß, mein Liebling unter den Kräutern, Schafgarbe, Ringelblume, Eisenkraut. Engelwurz, Holunder und Frauenmantel. Was gibt es heiligeres, als demütig und dankbar mit dem eigens gesammelten Kraut das Räucher-Ritual zu begehen? Es wieder mit dem Feuer dem Kreislauf des Lebens zu übergeben und somit den Kreis zu schließen.

3.5. Orakel

Orakeln. Eine der beliebtesten Methoden in der esoterischen Gemeinschaft, eine Antwort auf eine Frage zu bekommen. Ohne mich jetzt geschichtlich zu vertiefen, wird es wohl so alt sein, wie die Menschheit selbst. Diese Sehnsucht, Antworten durch ein Medium oder eine höhere Instanz zu bekommen, ist bis heute unbestritten geblieben. Je nach Kultur wurde mit Knöchelchen orakelt, mit Runen, Trommeln oder auch mit Wahrsagekarten. Das wohl berühmteste Orakel war das Orakel von Delphi im antiken Griechenland. Da fällt mir auch noch gleich das chinesische I Ging Orakel ein. Je nach Kultur wurden relativ pragmatisch Kräuter in das Feuer geworfen und je nach Rauchentwicklung wurde von den Sehenden der Gemeinschaft die Antwort abgelesen. Staatsoberhäupter hatten zu jeder Zeit Astrologen oder Seher an ihrer Seite. Der Ausgang von Kriegen, Hochzeiten und Beerdigungen wurden vorhergesehen. Eine Entscheidung wurde erst getroffen, nachdem der Seher des Hauses befragt wurde. Heute gucken wir in die Sterne, gießen zu Silvester Blei, legen Karten oder pendeln. Das Orakel ist letztendlich der heilige Götterspruch, dem schon allzeit eine hohe Bedeutung beigemessen wurde.

Wenden wir uns dem Kartenlegen zu. Besonders beliebt sind Tarot-, Lenormand- oder auch Zigeunerkarten. Aber auch Krafttier- und Engelkarten. In meinen astrologischen Beratungen lege ich seit 25 Jahren auch immer wieder die Karten, wenn es die Frage erfordert. Dabei berücksichtige ich vier Regeln strikt.

1. Eine Interpretation meinerseits erfolgt ausschließlich in der klaren Deutung der gelegten Karten.
2. Eine freie Interpretation erlaube ich nur der Fragestellerin selbst, indem ich ihr die Karten dann vorlege. Schließlich geht es hier um ihr Leben.
3. Eine Legung erfolgt immer nur für die Person, die vor mir sitzt.
4. Keine Legung, wenn es um Fragen zum Tod geht.

In den Frauenkreisen erlauben wir uns manchmal gemeinsames Orakeln bzw. Deuten. Es wird eine Karte zur Tagesqualität gezogen und gemeinsam gedeutet. Beeindruckend ist, wie häufig die Deutungen von intuitiven Frauen ohne Absprache übereinstimmen. Benötigt eine Frau Unterstützung, wird eine Karte für sie gezogen und reihum betrachtet und die Frauen im Frauenkreis geben ihre Deutung als Geschenk für diese Frau ab. Wertschätzende und lebensbejahende Formulierung vorausgesetzt.

Die Frauen lieben das Orakeln oder das Ziehen einer Tageskarte aus einem Kartendeck. In den Frauenkreisen sitzen bewusste Frauen. Frauen, die teilweise therapeutische Arbeit hinter sich haben. Frauen, die an ihren Blockaden und Glaubenssätzen arbeiten. Manchmal ist es einfach wundervoll, nichts tun zu müssen und das Geschenk einer Antwort zu bekommen.

3.6. Rituale

Rituale und Zeremonien sind das Herzstück unserer Arbeit im Frauenkreis. Schützende Rituale. Reinigende Zeremonien. Heilarbeit. Ahnenarbeit. Loslass-Rituale. Stärkende Rituale. Übergangs-Rituale. In der Ritualarbeit verbinden wir uns seit Urgedenken. Sie entsprechen unserem wahren Wesen und unserem Ursprung. Hier erfahren wir zutiefst Verbundenheit, Heilung und pure Magie.

Aber bleiben wir vorerst im Alltag. Rituale strukturieren auch unseren Alltag. Rituale geben uns Halt. Der tägliche Kaffee, gleich nach dem Aufstehen. Ohne nachzudenken wissen wir, was als nächstes kommt. Den Abend beschließen wir mit einer Tasse Tee. Zum Kaffee rauchen wir eine Zigarette. Im Alltag begleiten uns Rituale eher unbewusst. Es sind kleine, wiederkehrende Handlungen, die zur Routine werden. Jahresfeste wie unsere Geburtstage und auch Beerdigungen sind bewusste Rituale. Wir nehmen uns Zeit dafür und begehen sie rituell. Kleidung, Umgebung, Ablauf sind festgelegt. Sie sind ein wichtiger Bestandteil unseres Lebens. Sie festigen uns, unsere Kultur und verbinden uns.

Gehen wir einen Schritt weiter und wenden uns der spirituellen Bedeutung des Rituals zu. Leiten wir Riten und Zeremonien im Frauenkreis an, setzen wir uns symbolisch mit einer Thematik auseinander. Nicht nur im persönlichen Bereich, sondern immer auch in Verbindung mit dem Kollektiv. Das Verbinden mit der weiblichen Ahnenlinie. Das Lösen von Verstrickung und Glaubenssätzen. Mit einem spirituellen Ritual zeigen wir uns dankbar der Schöpfung gegenüber. Es ist ein Akt der Hingabe an die Kraft und Allweisheit des Göttlichen. Nicht nur das. Es festigt uns, ohne zu wissen. Es stärkt uns, ohne zu kennen.

Die Rituale der keltischen Jahreskreisfeste. Ein uralter Ablauf, fast so alt, wie die Menschheit selbst. Das Feiern dieser alten Feste berührt uns bis in die Zelle. Wir fühlen wieder, dass wir ein Teil der Natur, ein Teil des göttlichen Kreislaufs sind. Wir fühlen, dass der Zyklus nicht außerhalb, sondern in uns stattfindet.

Liebe Schatzheberin, ich bin überzeugt, der Ruf hat dich ereilt. Fühlst du dich vom Ritual gerufen? Von den Ur-Elementen und der Natur selbst? Kennst du diesen wundervollen ziehenden Schmerz in deiner Herzgegend, der dir anzeigt, dass genau jetzt der richtige Zeitpunkt ist? Die Sehnsucht nach den alten Mythen und Bräuchen? Nach deinem spirituellen Zuhause? Dann liebe Schatzheberin, wird es ein Seelenauftrag sein. Magst du dich auf den Weg machen?

Der Ablauf eines Rituals ist bestimmt durch deine Hingabe und die Magie selbst. Aber auch hier: Kläre zuerst die innere Intention. Was ist deine innerste Motivation? Nehmen wir ein einfaches Ritual. Ein Neumondritual. Der Neumond symbolisiert Neubeginn. Neustart. Altes loslassen. Dinge, die nicht mehr zu deinem Leben gehören. Bitte jetzt nicht den Verstand aktivieren und aktiv nachdenken, was das sein könnte. Rituale sind nicht im Verstand zu Hause. Fühle hinein. Mehr nicht. Allein das schon bestimmt die Intention. Der Beginn einer neuen Phase in deinem Leben. Es muss nicht immer etwas ganz Großes sein. Verabschiede auch die kleinen Dinge in deinem Leben. Kein Fleisch mehr auf dem

Teller. Zum Beispiel nur. Eine unliebsame alte Gewohnheit aus dem Alltag loslassen. Erinnere dich an die weiblichen Archetypinnen. Welche Kraft wohnt in dir? Eine Priesterin ruft den Mond anders an als eine alte Weise. Vertraue deinem Gefühl und richte den Rahmen danach aus. Bist du eher die Zauberin, hast du wahrscheinlich das Bedürfnis, dem Ritual mit deinen Kräutern eine magische Note zu geben. Als Priesterin möchtest du vielleicht mit einer Anrufung beginnen. Bist du eher die Matrone, kann es sein, dass die rituelle Handlung sehr pragmatisch und erdig ausgerichtet ist. Sei mutig und bleib bei dir. Die Magie des Rituals lebt mit deiner authentischen Haltung. Ganz wichtig ist mir auch, dich zu ermutigen, nicht super-heilig zu sein. Hast du vor dem Ritual das Bedürfnis nur wenig und Leichtes zu essen, ist es gut. Kochst du gerade an diesem Tag dein Lieblings-Gericht, welches du mit Genuss verzehrst, passt es genauso. Ist es für dich stimmig, deine spirituelle Handlung mit dem Anzünden einer Zigarette zu beenden, passt es auch. Die Intention macht es aus. Währenddessen ein Gespräch am Handy anzunehmen, ist vielleicht eine andere Sache, die nichts mehr mit Hingabe und Respekt zu tun hat. Entscheide du selbst.

Ich möchte die Struktur, die wir dem Ablauf geben, hier nur streifen. Während der Durchführung fließt eines ins Andere. Ein Ritual dauert für mich so zwischen zwei und drei Stunden. Ich bereite rechtzeitig alles vor. Selbst diese Vorbereitungen stimmen mich schon auf das bevorstehende Ritual ein. Braucht es Feuer? Outdoor: Hier bereite ich in Ruhe die gesicherte Feuerschale in meinem Garten vor. Bitte erkundige dich hier vorher, welche gesetzlichen Bestimmungen es in deinem Wohnort gibt. Indoor verwende ich einfach eine Kerze und mein Räuchergefäß. Räucherwerke begleiten jedes meiner Rituale. Manchmal verwende ich Räuchermischungen, manchmal meine eigenen Kräuter. Beifuß, Salbei, Schafgarbe, Engelwurz sind fast immer dabei. Naturwesen lieben Rituale und oft fühle ich ihre Anwesenheit schon bei meinen Vorbereitungen. Bedenke also, dass dir hilfreiche Wesen zur Seite stehen. Findet sich ein Symbol für dein Thema, nimm es mit. Papier und Stift in deiner Nähe sind immer ein Vorteil. Ein Glas Wasser. Tee. Kerze. Deine Räucherutensilien, so du räucherst.

Nun geht es los. Ordne den Platz oder falls du einen Altar hast, richte dir diesen fein her. Kann die rituelle Handlung beginnen, stimme ich mich ein. Mit einem Mantra, einem feinen Musikstück oder ich summe. Eine wunderbare Energie ist es, zu Beginn deine Dankbarkeit auszudrücken. Für alles, wofür du im Moment Dankbarkeit verspürst. Mental oder auch verbal ausgesprochen. Mach es so wie es sich für dich gut anfühlt. Ach ja, unnötig zu erwähnen, dass ich in diesen zwei bis drei Stunden ungestört bin. Es gibt niemanden, der nur kurz seinen Kopf reinsteckt und fragt, wo denn die Socken sind. Dann gilt mit Dankbarkeit das loszulassen, was nicht mehr gewünscht ist. Alles, alles was in deinem Leben ist, war für irgendetwas gut. Auch wenn es dir nicht bewusst ist. Wähle die Form die für dich passt. Steine, die als Symbol stehen für die Situationen, die nicht mehr passen. Die könntest du danach der Natur übergeben. Oder schreibe es auf Papier und übergib es dem Feuer. Wieder: Ist es stimmig für dich, dann ist es DEIN Ritual. Fühlt es sich gut an, diese rituelle Handlung in Stille auszuführen, dann mach bitte. Möchtest du dazu singen, sprechen, tanzen, schreien, tu es. Es ist auch eine wunderbare Übung, in die Intuition und Hingabe zu gehen. Mach das, was die Situation erfordert. Jetzt tun sich gerade Bilder bei mir auf: Also bitte nur lebensbejahendes und die Grenzen anderer Menschen (sollten sie anwesend sein) berücksichtigend. Das wollte ich nur am Rande noch gesagt haben. Bietet es sich an, visualisiere ich auch einen neuen Zustand, eine neue Situation, gekoppelt an gute Emotionen. Aber nicht immer. Nur wenn es sich aus dem Gefühl heraus ergibt.

Als letzte Phase schließe ich ab. Der Kopf hat noch immer Pause. In der Stille darf das Ritual noch ausklingen. Oft geht es einher damit, dass das Feuer niederbrennt, oder ein Musikstück sich dem Ende neigt oder die Kerze am Ende ist. Manchmal erlaube ich mir noch eine Karte aus einem meiner Tarot-Kartendecks zu ziehen oder die Runen zu werfen. Ich bleibe dann noch ein bisschen in Stille mit dieser Symbolik.

Dies ist jetzt nur ein einfaches Beispiel. Heil- und Schutzrituale oder Rituale, die mit Ahnenarbeit verknüpft sind, sind vom Ablauf her gleich, gehören aber respektvoll in erfahrene Hände. Bist du die Tiefseetaucherin unter den Schatzheberinnen und es zieht dich zu tieferer Magie, dann wird es eine Mentorin geben, die dich an diese Rituale heranführt. Lass dir Zeit damit. Es ist eines, Energie zu spüren, zu spüren wann ein Ritual „fertig" ist, wie es sich anfühlt. Ebenso zu fühlen, wenn eine tiefgreifende Transformation im Ritual geschieht. Die andere Sache ist es, eine Gruppe anzuleiten und die Energie zu halten.

4. Schritt: Die Schatzkarte – der Leitfaden

Liebe Schatzheberin, nun kommen wir zur Königinnen-Disziplin. Die Ausarbeitung deiner Frauenkreise. Es ist eine wundervoll kreative, bereichernde und intuitive Arbeit. Du hast nun eine überquellende Schatzkiste zur Verfügung, aus der du zaubern und wählen kannst. Was ist nun der erste Schritt? Erinnerst du dich noch, was wir im Kapitel „Meditation" als wesentlich betitelt haben?

Ja genau: die Intention. Die Absicht. Was genau willst du mit dem Frauenkreis erreichen? Was ist das Ziel? Was ist der Unterschied zum normalen Tratsch zwischen Frauen? Warum kommen Frauen eigentlich in Frauenkreise?

Frauenkreise gibt es seit Menschengedenken. Frauen sind von jeher zusammengesessen, haben sich unterstützt. Bei der Arbeit miteinander gesungen. Feste gefeiert. Rituale ausgeführt. Wir haben uns bei Geburten und bei Beerdigungen unterstützt. Haben uns im Zyklus des Mondes in die Mondhütten zurückgezogen. Am Feuer Geschichten erzählt. Uns verbindet dieselbe kollektive Energie und unser Auftrag in der Gesellschaft. Wir kämpfen an denselben Fronten (um mal Amazonen-Rhetorik zu verwenden). Wir weinen dieselben Tränen. Der gesellschaftliche (und familiäre?) Druck auf uns Frauen hat zugenommen. Gleichzeitig hat die Möglichkeit, sich in Frauengruppen auszutauschen, abgenommen. Der Tratsch unter Freundinnen oder der Mädelsabend fängt uns im Alltag auf, ist aber – um ehrlich zu sein – auch eher von Oberflächlichkeit geprägt.

Der Frauenkreis bietet die Möglichkeit, sich ganz bewusst Zeit für sich selbst zu nehmen. Für eine kurze Auszeit abzutauchen. Zur Ruhe zu kommen. In die weibliche Energie einzutauchen. Sich getragen zu fühlen. Loszulassen. Ein Thema zu bearbeiten. Impulse zu holen. Gemeinsam zu wachsen. Vom Erfahrungsschatz einer anderen Frau zu profitieren. Sich im geschützten Rahmen auszusprechen. All das entspricht und entspringt unserer ursprünglichen Natur. Dem Wunsch nach weiblicher Gemeinschaft. Sich fallen zu lassen. Sich so zu zeigen, wie man wirklich ist. Das auszusprechen, was gesagt werden will. Deswegen sind matriarchale Gesellschaften unglaublich erfüllend und stärkend für uns Frauen. Immer wieder erzählen mir Frauen, dass es den Männern unheimlich ist, was denn da so passiere. Oder sie fragen, was denn besprochen wurde. „Redet ihr über uns Männer?", wird auch gefragt. Natürlich ja. Es wird über alles (wertschätzend) geredet, was Frauen bewegt. Oft verstehen Männer nicht, wieso sie nicht „dabei sein dürfen". Da gibt es nur eine Antwort: Wäre es förderlich, seine Partnerin zum Männertreff in die Kneipe mitzunehmen? Geschlechtertrennung, um seine eigenen Wurzeln zu nähren, ist stärkend. Für Männer und Frauen. Ich würde es auch sehr begrüßen, unsere Männer in Männerkreise zu bringen. Auch Männern fehlt das kantige Beisammensein in gleicher Energie. Es fehlt an Initiationsriten für unsere jungen Männer und an männlichen, starken Ritualen. An Wettkämpfen und sich messen in natürlicher, freier Umgebung. Um sich dann wieder wertschätzend auf die Schulter zu klopfen. In der heutigen Zeit findet sich Mann halt in der Kneipe beim Bierchen wieder. Um es nicht zu schmälern. Auch das ist ein Raum, wo sich Männer in ihrer Energie zusammenfinden. Aber – kommen wir wieder zu uns zurück:

Wenden wir uns jetzt dem Fachlichen zu. Welche *Ziele* könnte es geben? Also zuerst einmal bietest du die Plattform und den (auch energetischen) Raum für diese Arbeit. Einen Raum, in dem Frauen ankommen und sich fallen lassen können. Ein Frauenkreis bietet Entspannung. Die Chance, für diese Momente wieder die Balance zu finden. Den Zugang zu Achtsamkeit und Bewusstsein neu zu entdecken. Es ist ein Raum für Information und Wissensaustausch zu Themen wie: Weiblichkeit, Sexualität, Matriarchat, Bewusstsein für die Jahreszyklen, für Kräuterarbeit, Magie und Rituale. Aber auch für Alltagsthemen, die Frauen beschäftigen wie Schwangerschaft, Geburt, Kinder, Partnerschaft, Beruf, Familie. Wir machen Ressourcen- und Ritualarbeit, um Frauen zu stärken und sie an ihre weibliche Urkraft zu erinnern. Ahnenarbeit und Segnungen runden unseren Auftrag wunderschön ab. Mögliche *Themen* im Jahreskreis können in Anlehnung an die alte Tradition der Naturreligion aufgegriffen werden.[21] Erneuerung,

21) Wege zu den alten Göttern. Priesterschaft in der Naturreligion. Arun Verlag

Visionssuche, sowie Inspiration sind gute Themen um den 1. und 2. Februar herum. Das keltische Fest Imbolc bietet sich an, auch das Fest der Brigid oder Lichtmess genannt. Die schöne Lichtjungfrau Brigid löst damit die dunkle, schwarze Göttin ab, die Percht ab.

Geburt, Aussaat und Neubeginn prägen die Zeit um den März herum. Ostara, am 21. März, die Frühlings-Tag-und-Nacht-Gleiche. Es winkt uns schon der Frühling und die ersten Pflänzlein getrauen sich, ihre Triebe der Frühlingssonne entgegenzustrecken. Auch Wachstum, das innere Kind und Leichtigkeit passen in diesen Zeitraum. Im Mai, zum keltischen Fest Beltane, oder auch Walpurgisnacht, kommt die Natur so richtig in die Kraft. Lust, Empfängnis, Fruchtbarkeit, aufatmen, auftanken und ausgelassen sein sind hier die prägenden Elemente. Frauenkreise zu diesen Themen sind lust- und kraftvoll! Zur Sommersonnenwende um den 21. Juni ist die Sonne noch kraftvoll, doch der Wendepunkt bereits spürbar. Dankbarkeit, Reifung, Verwandlung, aber auch (noch) aus dem vollen schöpfen. Die Natur bietet wundervolle Metaphern, diese Themen im eigenen Leben zu betrachten. Die Themen Ernte, Nahrung, aber auch Abschied nehmen, legt uns Lammas, das Fest der Schnitterin um den 1. August nahe. Wir holen die Ernte ein und bringen die Nahrung in unsere Vorratsstuben, um auch schön langsam wieder Abschied zu nehmen. Die Natur beginnt sich zurückzuziehen und die Tage sind schon merklich kürzer. Vorahnung, Verabschiedung, Loslassen und Rückzug sind Themen die uns von der Herbst-Tag-und-Nacht-Gleiche, dem 21. September bis hin zur Wintersonnenwende am 21.Dezember beschäftigen. Die keltischen Jahreskreisfeste schneide ich hier nur an, da es sehr viel wundervolle Literatur mit unterschiedlichen Zugängen dazu gibt.

Themen die sich das ganze Jahr über anbieten, sind *die Übergangsphasen* im Leben einer Frau. Der Übergang vom Mädchen zur jungen Frau, dann zur reifen Frau, später zur weisen Alten. Außer sehr wenigen Frauen, die das Mondfest mit ihrer Tochter feiern (also die erste Menstruation), gibt für uns Frauen traditionell praktisch keine Initiationsriten. Die Themen *Abgrenzung und Abhängigkeit* sind beinahe in jedem Frauenkreis präsent. *Selbstbewusstsein, Selbstliebe und Selbstachtung* sind Dauerbrenner. Das sind Co-Themen,[22] die ich – schön verpackt in verschiedenste Werkzeuge – ebenfalls in fast jedem Frauenkreis einbringen kann. Meine Lieblings-Gebiete sind *Schärfen der Intuition* und *Wahrneh-*

22) Als Co-Themen bezeichne ich Themen-Gebiete, mit denen wir uns im Frauenkreis parallel zum Schwerpunkt beschäftigen.

men der weiblichen Urkraft. Die Ausstrahlung und Schönheit einer Frau, die sich ihrer Kraft (wieder) bewusst wird ist durch nichts zu überbieten. Das sind für mich die schönsten Momente und Geschenke als Schatzheberin.

Aus meiner Sicht gibt es mehrere Zugänge. Ich selbst terminiere meine Frauenkreise jährlich im Voraus. Aus dem zyklischen Jahreskreis heraus ist somit auch im groben Rahmen das Thema festgelegt. Wie schon gesagt ist ein Frauenkreis rund um Samhain, also Ende Oktober, Anfang November archaisch und energetisch schon inhaltlich auf die Themen Rückzug, Trauer, Loslassen und Frieden schließen festgelegt. Auch die Natur verabschiedet sich in dieser Zeit in die Winterruhe. Sehr wohl kann zum Abschluss des Frauenkreises dann der Tanz des Lebens getanzt werden, aber die Grundenergie beschäftigt sich mit Loslassen und Verabschieden. Findet der Frauenkreis um Beltane herum statt, um den 1. Mai, ist die Energie eine gänzlich andere. Lust, Fröhlichkeit, Lebendigkeit und Fülle sind bestimmend. Wild und animalisch dürfen die Tänze sein.

Du kannst deine Frauenkreise thematisch auch auf die Übergänge in einem Frauenleben abstimmen. Erinnern wir uns an die dreizehn Archetypen der Frauen nach Elisabeth Davis und Carol Leonard[23], siehe Kapitel 1.2 „Deine Schätze“. Auch diese Themenfelder lassen sich wunderbar zyklisch zuordnen. Bleiben wir beim Thema Samhain. Das archetypische Äquivalent ist die Priesterin beziehungsweise die Zauberin. Themen im Frauenkreis sind die Abnahme der Mondenergie und der Fruchtbarkeit. Beginn des Wechsels. Von der Jugend gilt es Abschied nehmen. Hin zur Innenschau. Zur Ergründung des großen Mysteriums. Spirituelle Erfahrungen wollen gemacht werden. Themen des Abschieds und des Loslassens auf einer anderen Ebene.

Liebe Schatzheberin, lass dich nun inspirieren. Im Anhang habe ich dir meine Literatur zur Verfügung gestellt. Spüre in deine künftigen Frauenkreise hinein. Du wirst intuitiv wissen, welche Werkzeuge du wählst. Vertraue deiner Intuition. Wie schon gesagt, fixiere ich selbst die Themen inhaltlich bereits Monate vorher. Das Feinkonzept für den jeweiligen Frauenkreis jedoch erstelle ich ein bis zwei Tage vorher. Da spüre ich die Zeitqualität und die Energie der Frauen schon stark. Es ist mir dann ein Leichtes, inhaltlich und chronologisch den Ablauf festzulegen.

23) Im Kreis des Lebens. Die dreizehn Archetypen der Frauen. Arun Verlag

Eine große Aufmerksamkeit, liebe Schatzheberin, gebührt der Begrüßung und der Einstimmung auf das Thema, da wir die Frauen in aller Ganzheit „abholen" und im Kreis haben möchten. Ebenso auf den Abschluss, denn so entlassen wir die Frauen wieder aus dem Kreis. Es ist die Verantwortung von uns als Schatzheberinnen, unsere Teilnehmerinnen unbeschadet und gestärkt nach Hause zu schicken.

Ich achte sehr auf harmonische Überleitungen, sprich den roten Faden, um thematisch im Fluss zu bleiben. Eine Pause setze ich im Feinkonzept bereits fest. Letztendlich kann der „Hauptteil", des Frauenkreises nur so gut wirken wie er eingeleitet und zum Thema hingeführt wurde. Eines noch: Denke daran, die Vorbereitung deines Frauenkreises immer auch aus den Schuhen der Teilnehmerinnen zu betrachten. Nur so ersparst du dir holprige Überleitungen oder Stolpersteine.

Ich bin überzeugt liebe Schatzheberin, dass bei dem einen oder anderen Thema bereits dein Herz aufgejubelt hat. Bist du in Resonanz mit den keltischen Jahreskreisen oder eher mit den Archetypinnen? Wunderbar! Damit lassen sich Frauenkreise für ein ganzes Jahr vorbereiten. Sprechen dich eher geschlossene Themenbereiche an? Perfekt! Das ermöglicht dir, spontan Frauenkreise für ein bestimmtes Thema anzubieten oder auch sehr flexibel auf Anfragen deiner Teilnehmerinnen zu reagieren.

Nun liebe Schatzheberin, du kannst nun aus dem Vollen schöpfen. Du hast DEINE Schwerpunkte ausgewählt. Es versteht sich von selbst, dass es sich um Themenbereiche handelt, in denen du sattelfest bist.

Bitte notiere dir in dein Schatzheberinnen-Notizbuch: Meine Themenbereiche, in denen ich thematisch sattelfest bin, sind: ....

4.1. Dein Ziel als Schatzheberin?

Das kennen wir nun schon, nicht wahr? Die Frage aller Fragen. Liebe Schatzheberin, was möchtest du denn bewirken? Was ist das Ziel deiner Frauenkreise? Möchtest du den Frauen einfach entspannte Zusammenkünfte bieten? Einen Rückzug aus dem Alltag mit der Möglichkeit sich im weiblichen Kreis auszutauschen? Vielleicht noch gemeinsam Handarbeiten, Werkstücke anfertigen oder Kräuterelixiere brauen? Oder ist dir der eigene Umgang mit dem weiblichen Körper ein Anliegen und du möchtest eine Sexualtherapeutin einladen, eventuell mit anschließender Diskussion. Vielleicht bist du Aufstellungsleiterin und du möchtest deinen Frauen Abgrenzung und Nein-Sagen in der Aufstellung spüren und erleben lassen? Oder du liebst Musik und wünscht dir, dass deine Frauen die weibliche Urkraft mit aller Kraft und Lust, getragen von Klängen verinnerlichen? Die Tänzerin in dir verspürt möglicherweise den Wunsch, das Thema durch die Bewegung anzubieten. Bist du die Tiefseetaucherin unter den Schatzheberinnen, dann wünscht du dir Erkenntnis, Verwandlung, Transformation deiner Teilnehmerinnen. Spirituelle Entwicklung.

Sollte eventuell jetzt beim Lesen der Gedanke aufkeimen, dass ein Frauenkreis mit Ahnenarbeit gewichtiger und wertvoller ist als eine Zusammenkunft von Frauen, die einen Kräutertee gemeinsam zubereiten, dann darfst du genau diese Wertung JETZT loslassen. Das Gleiche gilt für die Vorstellung, dass eine rituelle Segnung spiritueller ist als ein Kreistanz. Jedes Thema hat seine Zeit. Jede Frau findet genau den Frauenkreis, der ihr das bietet, was sie genau zu diesem Zeitpunkt für ihre Entwicklung braucht. Du darfst dich also getrost entspannen. Sind Kräuter und Räuchern DEIN Thema? Dann – ja bitte. Wunderbar. Liebst du die Aufstellungsarbeit? Perfekt. Gehst du auf, wenn du Tänze anleitest? Frau, was willst du mehr. Du weißt schon, wo du zu Hause bist. Somit kennst du schon die Ausrichtung deiner Frauenkreise. Der Erfolg richtet sich übrigens danach, wie authentisch du in deinen Themen zu Hause bist. Vielleicht bist du die tanzende Kräuterhexe. Oder die singende Priesterin. Oder die Spezialistin für Räucher-Rituale. Oder die geduldige Hebamme, die den Frauen sanft mit ätherischen Ölen über die Schwelle hilft. Also liebe Schatzheberin: Bitte notiere dir in dein Schatzheberinnen-Notizbuch:

➲ Was genau ist dein Ziel?

➲ Was sind deine bevorzugten Methoden?

Du hast wahrscheinlich schon selbst einige Frauenkreise besucht. Einiges hat dir sehr gefallen, anderes weniger.

➲ Frage: Was genau hat dich in diesen Frauenkreisen inspiriert?

4.2. Die Vorbereitung

Hier möchte ich dir gern von mir erzählen und aus dem Nähkästchen plaudern: Ich liebe die Vorbereitung eines Frauenkreises. Sie ist eine wunderbare Einstimmung auf den eigentlichen Moment. Schon da bin ich gefangen von der Energie und der Magie, die auf uns Frauen wartet. Ich spüre die Kraft des Themas, welches bereits in der Pole-Position steht. Es ist die Zeit, die ich mir gönne, um empfangsbereit zu sein für den universellen Auftrag. Ich achte darauf, dass ich vier bis fünf Stunden ungestört bin. Da ich sowieso schon jahrelang fernseh- und radiofrei bin, wird nur mehr mein Handy schlafen gelegt. Ich richte mir meine Lieblings-Kräutermischung her oder ätherische Öle und meinen Kräutertee. Schon in der Vorbereitung achte ich darauf, auch bei mir alle Sinne anzusprechen. Das ist eine gute Übung, um aufmerksam zu bleiben. Du erinnerst dich an die Wahrnehmungstypen? Genau. Manchmal mache ich auch vorher eine kurze Meditation. Schon während der Vorbereitung zur Vorbereitung beginnt es zu fließen, das Werkzeug zeigt sich, das Material bietet sich an.

Dann beginne ich ein Konzept zu schreiben. Früher am PC, ganz ordentlich im Excel. Mit Spalten für Thema, Ziel, Abschnitt, Zeitdauer, Beschreibung, Methode, Werkzeug, Material. Später begann ich den Ablauf des Frauenkreises handschriftlich auszuarbeiten, was wesentlich flüssiger ist.

Ich arbeite mit Bleistift und Buntstiften. Musik notiere ich in blauer Farbe. Wechsel von Meditation zu Musik oder Pause in grüner Farbe. Folgt auf eine Meditation ein Schutzkreis oder ein ausklingender Tanz, skizziere ich dies. Der Kreis entsteht bereits auf dem Papier. Ich möchte nicht so sehr ins Detail gehen, nur dir ein Beispiel geben: Je kreativer du hier bist, desto mehr Raum lässt du dir selbst. Ich arbeite einen groben Zeitplan aus. Zusätzlich habe ich in meinem Repertoire immer ein bis zwei vertiefende Inhalte im Hinterkopf, für den Fall, dass dies aus zeitlichen oder inhaltlichen Gründen nötig sein sollte.

So, nun ist das Grob-Konzept mal fertig. Im zweiten Schritt gehe ich jede Phase nochmal durch. Dies bedeutet: Musikstück anhören, Meditation aussprechen, die Abschnitte je nach Methode gedanklich durchgehen und deren Dauer einschätzen. Oftmals ändere ich dann die geplante Dauer oder das Werkzeug bzw. die Musik nochmals. Auch stelle ich mich hier in die Schuhe einer Teilnehmerin und lasse alles so auf mich wirken.

Bevor ich es vergesse: Überlege dir auch im Vorfeld, welche Regeln du aufstellen möchtest. Ich höre dich schon protestieren. Frauenkreis, stressfrei und dann Regeln? Wie passt das? Sehr sogar, ich darf dich beruhigen. Es braucht ein paar Grundregeln für ein feines Miteinander.

Ich meinen Frauenkreisen lege ich großen Wert darauf, dass sich jede Frau zeitnah (um das strenge Wort „pünktlich" zu vermeiden) nach der Pause im Kreis einfindet. Allein schon aus Respekt vor den Frauen, die immer zeitgerecht da sind. Wir sprechen wertschätzend miteinander. Manchmal ist es gut sich damit auseinanderzusetzen, was unter wertschätzend von uns allen verstanden wird. Jede Frau darf aussprechen und wird nicht unterbrochen. Ganz wichtig ist mir, zu lernen, dass keine Rat-Schläge gegeben werden. Ausgenommen, die Frau bittet ausdrücklich darum. Dies bedeutet im Umkehrschluss, dass wir uns im aktiven Zuhören üben. Je nach Thema bitte ich darum, dass Wortmeldungen unkommentiert bleiben. Unkommentiert deswegen, um nicht den Fluss zu unterbrechen. Klar ist, dass die Handys in den Flugmodus gehen. Dauerndes Piepsen und Läuten, vor allem während der Meditation, ist furchtbar. Zuletzt noch, dass alles was im Kreis besprochen wird, selbstverständlich vertraulich ist und im Kreis bleibt. Es ist auch ein Lernprozess, dass das, was eine andere Frau gerade im Gruppenprozess erfahren hat, in der Pause nicht angesprochen wird. Ausgenommen, die betreffende Frau spricht es selbst an. In der Praxis haben sich diese Regeln als sehr gut bewährt und schon manche Frau geschützt. Es ist ein achtsamer und wertschätzender Rahmen. Prüfe für dich selbst was für dich stimmig ist.

Im letzten Schritt prüfe ich das Material und die Technik. Räucherzubehör, passende Räuchermischung, farblich passende Kerzen, CD-Player (wenn nicht vor Ort vorhanden), Bluetooth-Lautsprecher, wenn du vom Handy Musik spielst usw. Wichtig ist, dass du bis zum Schluss denkst. Dann hast du zum Beispiel auch ein Feuerzeug mit, wenn du Kerzen verwendest. Ich habe oftmals noch weiterführende Literatur als Ansichtsexemplare zum Thema mit. Das kommt sehr gut an und du selbst bekommst ein Gefühl, wofür sich die Frauen noch interessieren. Oftmals gibt das einen feinen thematischen Impuls für ein weiteres Angebot. Fühlt es sich stimmig und „fertig“ an, bist du fertig.

4.3. Der Countdown läuft. Der Beginn macht's aus.

Liebe Schatzheberin, nun wird es ernst. Es gibt viele Möglichkeiten, einen Einstieg in den Frauenkreis zu gestalten. Es ist eine ganz persönliche Entscheidung, welchen Ablauf du wählst. Auf ein paar Dinge solltest du jedoch achten: Mit einem ruhigen und Zeit gebenden Einstieg holst du auch die letzte Frau ab. Sie sind wohl schon körperlich anwesend, aber noch lange nicht bei dir angekommen. In den Köpfen kreisen noch die Gedanken: die Suche nach einem Parkplatz, Alltags- und Bürosorgen, der letzte Konflikt mit dem Kind etc. Gerade hat die Frau noch für das Wochenende eingekauft, mit der Mama telefoniert, die sich gar nicht gut anhört, ist ausgelaugt von der Woche – eine Liste, die sich endlos fortsetzt! Vielleicht läutet bei dir auch ein Gong den Beginn ein. Zeitgerecht. Versteht sich von selbst. Aus meiner Erfahrung ist das die unaufdringlichste und gleichzeitig wirksamste Methode, um die Aufmerksamkeit der Frauen zu bekommen. Auch wenn die letzten Frauen noch ihre Gespräche beenden, die Toilette aufsuchen, die Taschen an den Rand stellen, nach den Taschentüchern kramen, noch einen Tee holen, ich sitze schon auf meinem Platz. Alles ist vorbereitet. Mit der letzten Frau, die sich im Kreis niederlässt, atme ich noch ein paarmal durch und halte kurz Blickkontakt mit jeder Frau im Kreis. Das ist mein innerliches und stilles Namasté für jede Frau.

Dann folgt die allgemeine *Begrüßung* und das *Danken* für die Teilnahme. Leitest du eine Gruppe mit neuen Frauen an, dann ist jetzt der Moment dich selbst vorzustellen. Kurz und knackig. Ein paar persönliche Dinge und woher deine Kompetenz kommt, diesen Frauenkreis zu leiten. Die Frauen wollen dich spüren. Frauen stehen auf Details. Daher wähle diese Worte mit Bedacht. Erzähle die Essenz, nicht drumherum. Erzähle das, was dich ausmacht. Erzähle das, was dich mit ihnen verbindet. Solltest du eine lustige Kurzgeschichte bereit haben, die dich beschreibt oder die inhaltlich passt: Lachen verbindet. Nur mal so. Ich erzähle nie die gleiche Geschichte von mir, sondern passe meine Vorstellung dem Thema an. Kein Muss, sondern auch nur eine Idee für dich.

Nun ist die Aufmerksamkeit der Frauen bei dir. Es ist somit ein guter Zeitpunkt den Ablauf der nächsten Stunden zu erklären. Die Themen nochmal anzusprechen, sowie auch einen zeitlichen Rahmen zu setzen. In der Praxis hat es sich als sehr gut bewährt, sogar ganz detailliert zu informieren. Wie z.B. „Nutze die Pause jetzt noch für Toilette, Tee und das Abstellen deiner Handtasche, wenn du magst, nach der Meditation ist es gut, noch in der Ruhe zu bleiben." Gibt es im Hauptteil mehrere Teilabschnitte, weil der erste Teil, die Meditation, vorbereitet auf den Schutzkreis (zweiter Teil), welcher dann übergeht in einen dritten Teil, in den Freitanz, dann ist es ganz wichtig, die Vorgangsweise praktisch vorzuzeigen. Nötigenfalls auch mehrmals. Wichtig ist, dass deine Teilnehmerinnen gut instruiert sind und mit Sicherheit in diese Prozesse gehen. Wer hier nachdenken muss, was jetzt als Nächstes kommt, ist schon nicht mehr ganz dabei.

Soweit zum Ablauf. Du kannst jetzt, je nach Thema, deine Teilnehmerinnen selbst zu Wort kommen lassen. Hier ist es nur wichtig, eine klare Vorgabe zu machen. Für unbekannte Gruppen: „Bitte beschreibe dich mit fünf Wörtern." Für bekannte Frauen: „Wie geht's dir heute – bitte ein Wort." oder „Beschreibe mit einem Wort, welche Energie du uns heute mitgebracht hast". Wenn dein Plan eine ausführliche oder freie Vorstellung der Frauen vorsieht, dann lade sie auch dazu ein: „Bitte erzähle uns von dir". Sollte es dir jetzt noch unklar sein, wozu solche klaren „Anweisungen" dienen, dann wird es dir spätestens dann klar, wenn die erste Frau mit einem großen Redebedarf deinen zeitlichen Rahmen sprengt. Weil sich Rede-Bedürfnis ja nicht mit der Vorstellung erschöpft, sondern sich dann durch den ganzen Frauenkreis zieht. Spätestens dann ist es viel leichter und respektvoller nur mehr an die Regeln zu erinnern.

Eine andere Möglichkeit ist auch, nach deiner Vorstellung gleich in das Thema überzugehen. Zum Thema „Dankbarkeit" bietet es sich an zu erzählen, wie dies in den verschiedenen Kulturen gelebt wird. Das Thema „Selbstermächtigung" fordert geradezu auf, die Rolle der Frau als Streifzug durch die Geschichte aufzubereiten. Alles nur in Kurzform, versteht sich. Auch ist es ein guter Einstieg, von der aktuellen Zeitqualität zu berichten. Eines noch: Überlege dir immer bereits vorher, ob du die Wortmeldungen kommentieren möchtest oder unkommentiert lässt. Wieder hier: Was möchtest du bewirken?

4.4. Eine stimmige Überleitung zum Kern

Nun sind wir beim Kernstückchen des Frauenkreises. Fachlich gesehen, der Hauptteil. Inhaltlich gesehen: Die Meditation. Die Aufstellung. Die Diskussionsrunde. Das Loslass-Ritual. Die Besprechung eines Themas, das alle betrifft. Vielleicht ist in deinem Frauenkreis das gemeinsame Herstellen einer Kräutertinktur, eines Türkranzes oder einfach der Austausch zu einem Thema dein Schwerpunkt. Wenn sich die erste Phase, ich nenne sie jetzt Einleitung oder Einstimmung, dem Ende neigt, dann leite ich mit ein paar Worten zum Hauptteil über. Den habe ich ja im theoretischen Ablauf schon erklärt. Wichtig ist zu diesem Zeitpunkt, dass alles bereit ist. Der CD-Player. Oder dein Handy mit Lautsprecher. Die Kohle ist schon angeräuchert oder das Kerzchen flackert schon im Stövchen, bereit für ein paar Tropfen eines gehaltvollen ätherischen Öles. Das Licht ist gedimmt, so wie du es brauchst. Vielleicht hast du eine eigene Lichtquelle für deine Unterlagen. Was immer es braucht. Ich biete an dieser Stelle nochmals eine kurze Pause an, die sehr gern angenommen wird und mache noch ein paar Handgriffe für die letzten Vorbereitungen. Musikalisch ist diese Phase schon untermalt. Sobald alle Frauen wieder anwesend sind, geht es los. Zu diesem Zeitpunkt achte ich darauf, dass alle potenziellen Störquellen unterbunden sind. Ein Schild „Bitte nicht stören" hängt an der Tür, die Fenster sind geschlossen, alle Handys in den Flugmodus geschaltet. Diese Momente, in denen Rituale durchgeführt werden, sich Frauen dem Tanz hingeben, eben energetisch gearbeitet wird, sind für mich heilige Momente, die eines besonderen Schutzes bedürfen. Als Schatzheberin sehe ich uns sowieso in der Verantwortung, diesen Raum energetisch hochschwingend zu halten.

Eines noch: Das Ende energetischer Arbeit wie Freitanz, Ritual oder Meditation benötigt noch einen Hinweis, was im Anschluss zu tun ist. „Ist die Meditation zu Ende, nimm dir noch ein wenig Zeit für dich. Wenn es für dich stimmig ist, dann beende die Meditation. Gern-kannst du noch liegenbleiben. Wenn du schon bereit für Kontakt bist, dann gehe bitte in die Pause außerhalb des Meditations-Raumes, da andere Frauen noch ausklingen lassen.".

Was mir gerade einfällt, da ich es schon in anderen Frauenkreisen als wirklich störend und unangenehm bemerkt habe: Fotografieren ist in solchen Momenten tabu. Heilige Momente entstehen in der Hingabe. Nicht für die Kamera. Solltest du Fotos von deiner Arbeit für eine Präsentation, Flyer, Werbung oder für Soziale Medien benötigen, sollte das in anderen Situationen gemacht werden.

4.5. Was Abschluss und Sahnehäubchen gemeinsam haben

Nun geht ein wundervoller Frauenkreis ins Finale. Mach bitte nicht den Fehler, diesen nach einem gelungenen Hauptteil allzu abrupt abzuschließen. Nach dem Hauptteil biete ich wieder eine kurze Pause an. Eine Pause, um nach magischen und bereichernden Momenten wieder gut in dieser Welt anzukommen. Meine Aufmerksamkeit ist bei den Frauen. Ist jede einzelne Teilnehmerin gut wieder bei sich? Wie ist die Gesamt-Stimmung? Willst du diesen Abschnitt mit einem Musikstück einleiten? Oder eher in Stille sein? Spüre hinein, wie es sich für dich anfühlt. Auch hier ist weniger mehr. Es besteht sonst die Gefahr, magische Momente zu zerreden. Was immer sich hier für dich und deine Themen anbietet, es ist ein guter Moment, um Danke zu sagen. Danke an die Anderswelt, die dich begleitet hat. Danke an die Frauen, die sich vertrauensvoll in deine Hände begeben haben. Eventuell möchte sich auch noch eine der Frauen mitteilen. Tut sich hier ein Thema auf, dass eine Frau allein betrifft, dann verweise eventuell auf ein persönliches Gespräch danach. Nicht alles ist für eine Besprechung in der Gruppe geeignet. Dann ist ein guter Zeitpunkt den Frauenkreis zu öffnen, thematisch abzuschließen und zu der anschließenden gemeinsamen Mahlzeit einzuladen.

4.6. Frauenkreise machen hungrig

Natürlich dürfen wir das Essen nicht vergessen. Abgesehen davon, dass Frauenkreise tatsächlich hungrig machen, ist das gemeinsame Zubereiten und Einnehmen von Mahlzeiten eine urweibliche Facette unseres Frau-Seins. Eine wundervolle Abrundung deines Frauenkreises ist es, wenn am Ende alle Frauen gemeinsam eine Mahlzeit einnehmen. Als passionierte Ernährungstrainerin halte ich wenig davon, nur Knabbereien, Tee und Wasser bereitzustellen. Auch, da ich festgestellt habe, dass die meisten Frauen direkt von der Arbeit hungrig ankommen. Sie dann hungrig die ganze Zeit an irgendwelchen Süßigkeiten, Salzstangen oder Chips knabbern zu sehen, macht mich sehr unruhig. So habe ich begonnen, Eintöpfe oder Suppen zuzubereiten. Wärmend, stärkend und magenfüllend. Wir achten im Frauenkreis sehr darauf, was wir uns an geistiger Nahrung zuführen, da sollte die körperliche Nahrung kein Stiefkind sein. Mit der Zeit haben die Frauen begonnen, dann selbst kleinere, selbstgemachte Snacks und Mahlzeiten zuzubereiten und etwas zu unseren Frauenkreisen mitzubringen. Du kannst dir das abschließende Beisammensein wahrscheinlich ungefähr vorstellen. Eine Runde Frauen, entspannt und gelöst. Manche euphorisch ob der Dinge, die aufgelöst oder erkannt wurden. Das herrliche Essen wird genossen. Rezepte getauscht. Manchmal noch geweint und viel gelacht.

Ich habe aus diesem Grund immer Seminarräume mit Küche angemietet, in der wir uns so richtig weiblich ausbreiten konnten. Aber dazu kommen wir noch in Kapitel 6.

4.7. In den Schuhen der Teilnehmerinnen

All das schauen wir uns jetzt mal gleich aus der Sicht der Teilnehmerinnen an. Frauen in unserer westlichen Welt kommen häufig direkt von der Arbeit. Andere haben zu Hause noch alles für ihre Abwesenheit vorbereitet. Für die Familie noch Essen hingestellt und ToDo-Nachrichten für die Liebsten hinterlassen. Alles in allem kommen sie alles andere als entspannt bei dir an. Staus bei der Anreise, Parkplatzsuche, knappe Zeitressourcen, Hab-ich-alles-mit-Gedanken, Konflikte mit Familie oder Kollegen sowie Alltagssorgen nehmen sie mit zu dir. Völlig normal. Umso wichtiger ist es, dass deine Räumlichkeiten und du selbst dazu einladen, alle Belastungen vorerst mal an der Haustür abzugeben. Musik, ätherische Öle oder Räucherwerk sind wundervolle sensorische Werkzeuge, um die Teilnehmerinnen abzuholen und in den Moment zu bringen. Wie du vielleicht selbst aus eigener Erfahrung weißt, ist es wundervoll, gleich nach der Türschwelle in eine andere Welt einzutreten. Dass genug Platz ist, um Mantel, Jakke und Schuhe abzulegen, sollte selbstverständlich sein. Schön ist es auch, wenn du anwesend bist, um Frauen, die du nicht kennst, gleich im Vorraum willkommen zu heißen. Als neue Teilnehmerin könnte es auch für manche Frau unangenehm sein, erfragen zu müssen, wer von den anwesenden Frauen denn jetzt ihre Gastgeberin ist. Als Teilnehmerin von Frauenkreisen fand ich es auch als sehr angenehm, gleich in die Bräuche des Hauses eingeweiht zu werden. Zu wissen, dass ich mir selbst Tee und Kaffee nehmen kann oder auf die erste Pause warten muss. Zu wissen, ob es eine kleine Kasse gibt, wo ich meinen Beitrag hineinwerfen kann oder ob im Anschluss bezahlt werden kann. Wo sich die Toilette befindet und ob man schon Platz nehmen kann. All das hilft, um gut anzukommen.

Obwohl Regeln anfangs oft ein Stirnrunzeln erzeugen, vor allem für die Amazonen unter deinen Frauen, sind sie doch hilfreich, sie frühzeitig zu kommunizieren. Es regelt das Miteinander und bestimmt den Umgangston. Regeln zeigen Grenzen auf. Regeln schützen die Menschen in den Gruppen. Regeln schützen auch dein Heim, solltest du die Frauenkreise in deinen Räumlichkeiten anbieten. Gibt es Widerstand, ist es durchaus möglich, Regeln gemeinsam aufzustellen.

Manchmal gibt es Teilnehmerinnen, die nicht so ganz miteinander harmonieren. Und es gibt sehr kommunikative Frauen und andererseits auch Frauen, die sich wenig Raum nehmen und sich daher anfangs nicht trauen, das Wort zu ergreifen. Es ist eine Überlegung wert, dich zu hinterfragen, wo deine persönliche Grenze ist. Bis wohin würdest du einem Geschehen Raum geben, sich zu entwikkeln und ab wann würdest du eingreifen?

5. Schritt: Was die Arbeit der Schatzheberin wert ist

Nun sind wir bei einem ewig diskutierten Thema angelangt. Frauen und Arbeit und Wert. Wir sind ja gewohnt, dass wir sehr viel Gratis-Arbeit machen. Oder? Wie siehst du das? Nein? Machst du nicht?

Gut. Aber wie sieht es denn dann damit aus: Hausarbeit, einkaufen, kochen, putzen, Familienfeiern organisieren, Kinder zum Sportplatz bringen, Kinder zum Reitunterricht bringen, Kinder von dort abholen, Arzttermine für die liebe Familie checken, Elternabende besuchen, Familienmanagement? Tausend Dinge fallen mir da ein. Eltern pflegen. Ältere Verwandte oder bedürftige Nachbarn betreuen. Ehrenamtliche Arbeit im Altenheim, in Tierheimen, mit Kindern oder in Obdachlosen-Zentren. Beruflich geht es weiter. Sozialarbeit zum Beispiel ist historisch gewachsen und gesellschaftlich ein typischer Frauenbereich. Altenarbeit. Behindertenarbeit. Pflegeberufe. Der Frauenanteil liegt bei über achtzig Prozent.[24] Im Einzelhandel zeigt sich das gleiche Bild mit einem Frauenanteil weit über siebzig Prozent.[25] Unterbezahlt und mit einem Tarif- bzw. Kollektivvertrag, der knapp über der Armutsgrenze liegt. Ein hoher Frauenanteil und eine niedrige Gehaltsstufe scheinen Hand in Hand zu gehen. Liest du aufmerksam die Zahlen, merkst du: Je weiter wir in typische Männerberufe vordringen,

24) Zahlen aus dem deutschen Arbeitsmarkt: https://de.statista.com/statistik/daten/studie/167555/umfrage/frauenanteil-in-verschiedenen-berufsgruppen-in-deutschland/

25) Zahlen aus dem deutschen Arbeitsmarkt: https://de.statista.com/statistik/daten/studie/167555/umfrage/frauenanteil-in-verschiedenen-berufsgruppen-in-deutschland/

wie zum Beispiel IT, Bauplanung, Metallerzeugung, Hoch- und Tiefbau, desto höher werden die Gehälter. Sehr spannend, nicht wahr? Wobei wir gerade im Sozialbereich von systemerhaltenden Berufen sprechen. Von Berufen, die das Gesundheitssystem am Laufen halten.

An der Bildung kann es nicht liegen. Betrachtet man die Studienabschlüsse an öffentlichen Universitäten – quer über alle Fachrichtungen – dann lag bzw. liegt hier der Frauenanteil in fast allen Hauptstudienrichtungen über jenem der Männer. Schaut man sich die höheren Schulabschlüsse an - mittlere Reife bzw. Abitur/Matura -, sieht man das gleiche Bild. In Österreich absolvierten 51,1 Prozent der Frauen und 42,7% der Männer[26] erfolgreich die Matura (Abitur).

Das Bildungsniveau der arbeitsfähigen Gesamtbevölkerung zeigt, dass mehr Frauen als Männer den Abschluss einer mittleren oder höheren Schule vorweisen können. Lediglich bei den Lehrabschlüssen haben die Männer die Nase vorne.

Diese Zahlen sind super-interessant und zeigen, dass Frauen in puncto Bildung den Männern in nichts nachstehen. Ganz im Gegenteil. Trotzdem klafft die Gehaltsschere massiv auf. UND – langfristig gesehen – fliegt uns dies alles später ziemlich um die Ohren. Vor allem, wenn es um die Rente bzw. Pension, anrechenbare Arbeitszeiten, Karriere oder die nächste Gehaltserhöhung geht. Klaglos wird das System erhalten, in dem Frauen wenig Geld verdienen. Gewürdigt wird die Arbeit der Frauen wenig.

Aber, um nicht abzudriften und um richtig verstanden zu werden. Es geht hier NICHT darum, in den Vergleich mit Männern zu treten oder die Bildung von Männern abzuwerten. Es geht ausschließlich darum, dahinter zu kommen, warum Frauen noch immer mit sehr wenig zufriedenzustellen sind. Warum Frauen nicht mehr fordern. Warum wir Hemmungen haben, ein angemessenes Gehalt zu erwarten. Warum es für uns so schwer ist, für uns in Verhandlungen zu treten.

Ich fasse zusammen: Die große Mehrheit von uns Frauen ist es gewohnt, gratis zu arbeiten oder für wenig Geld. Trotz guter Bildung. Wir finden nichts dabei, weil es immer so war. Weil schon unsere Mütter und Großmütter klaglos einfach nur für die Familie und die Gesellschaft da waren. Weil wir als Emanzen und als undankbar bezeichnet werden, wenn wir mehr verlangen. Weil – und das ist der

26) Statistik Austria – 2017/2018: https://www.statistik.at/web_de/statistiken/menschen_und_gesellschaft/soziales/gender-statistik/bildung/index.html

Grund, der am meisten schmerzt – weil wir uns selbst nicht mehr wert sind und uns nicht erlauben, für unsere Leistung Geld zu verlangen.

In unserer Leistungsgesellschaft hat alles seinen Wert. Bloß nicht die Arbeit von Frauen. Das ist spannend, weil wir wissen, dass wir beim Bäcker für Brot bezahlen müssen. Dass dieses Brot einen bestimmten Preis hat, der normalerweise nicht verhandelbar ist. Klarerweise bezahlen wir den Installateur für seine Arbeit auch. Auch ist völlig logisch, dass die Frisörin Tarife hat, die wir anstandslos bezahlen.

Der Rechtsanwalt hat einen Stundentarif, der dir die Tränen in die Augen treibt. Der Notar ebenfalls. Die Rechnung des Zahnarztes steigt mit jedem Nanogramm Material, welches er dir in die Zähne stopft. Die Tierklinik verrechnet jede Bewegung, die der behandelnde Tierarzt auf seinem Sessel macht. (Ich lebe seit 25 Jahren mit einigen Tieren zusammen und – glaube mir bitte – ich erstarre oft bei Ansicht der Rechnung nach den meisten Tierarztbesuchen). Tarife normalerweise nicht verhandelbar. Die Rechnung des Schlüsseldienstes am Sonntag lässt dich erbleichen. Den Handwerker, den du brauchst, weil ein Rohr verstopft oder eine Reparatur vonnöten ist, bezahlst du gern. Allerdings überschlägst du bereits beim Bezahlen in Gedanken, was du dir in diesem Monat noch leisten kannst.

Liebe Schatzheberin, damit wir uns nicht missverstehen: Jede einzelne dieser Berufsgruppen verdient Anerkennung und Respekt und hat ihren Preis. Was wir uns hier abschauen dürfen, ist die Selbstverständlichkeit, einen angemessenen Preis für unsere Leistung zu verlangen. Vielleicht auch noch, uns zu überlegen, was es für die Preisentwicklung und den qualitativen Anspruch in diesem Bereich bedeutet, wenn wir unsere Arbeit aus den verschiedensten Gründen unter ihrem Wert anbieten.

Welche Mythen und Glaubenssätze uns in diese Fallen tappen lassen, schauen wir uns nun gleich weiter an:

5.1. Wenn Selbstwert und Einkommen miteinander tanzen oder „Geld gegen Fähigkeiten"

„Das, was ich kann, können doch viele. Was soll ich da schon verlangen." „Es fällt mir so leicht. Ich habe richtig Skrupel, hier Geld zu verlangen." „Es macht mir so große Freude, das ist ja keine richtige Arbeit." „Ist es nicht unmoralisch, für eine spirituelle Arbeit Geld zu verlangen?"

So ähnlich beginnen die Diskussionen, wenn es um Preisgestaltung geht.

Übrigens: In meiner langjährigen Laufbahn als Trainerin und Coach habe ich nicht einen einzigen Mann so einen Satz sagen hören. Schon spannend, nicht wahr? Aber was ich dich gleich fragen möchte: Wie geht es dir beim Lesen dieser Sätze? Klingelt es da beim einen oder anderen Satz?

Bevor wir uns die Mythen ums Geldverdienen oder unsere Glaubenssätze anschauen, die uns hindern, einen ordentlichen Preis festzulegen, schauen wir uns doch mal an, wie es mit dem Wert bestellt ist, den wir uns selbst beimessen. Wie wir selbst zu unseren Talenten und Fähigkeiten stehen. Denn es geht doch um Geld gegen Fähigkeiten, oder?

An dieser Stelle unterscheide ich gern zwischen Selbstwert – Selbstachtung – Selbstbewusstsein – Selbstermächtigung. Es scheint, als ob es jetzt kompliziert wird, oder? Ich darf dich beruhigen. Ganz und gar nicht. Aber es lohnt sich, sich damit auseinanderzusetzen. Weil wir oft zum Beispiel Selbstwert und Selbstbewusstsein verwechseln. Und somit an der falschen Stelle arbeiten. Manchmal lernen wir Menschen kennen, die ein ziemliches Selbstbewusstsein haben. Denken wir. Leiten wir von ihrem Auftreten ab. Kaum zu glauben, dass es diesen Menschen oftmals an Selbstwert mangelt. Oder an Selbstachtung. Wir erlauben uns einen genauen Blick. Von außen nach innen.

Selbstbewusstsein. Die für mich stimmigste Definition von Selbstbewusstsein habe ich im Wörterbuch gefunden: Das Überzeugtsein von seinen Fähigkeiten, das sich besonders in selbstsicherem Auftreten ausdrückt. Eine positive Einstellung zu sich selbst haben, zu seinen eigenen Fähigkeiten und Talenten UND zur eigenen Schaffenskraft.

Die Säulen für unser Selbstbewusstsein sind.

Sich selbst annehmen

Persönliche Integrität

Eigenverantwortung

Zielgerichtet leben

Bewusstheit

Nun ist es wieder an der Zeit, das Notizbuch auszupacken. Mit einem Streifzug durch diese Themen möchte ich dich fragen:

- Kannst du dich selbst gut annehmen, wie du bist? Deinen Körper? Deinen Intellekt? Deine Ideen? Deine Gedanken?
- Hast du den Mut „das Richtige" zu tun, auch wenn Konsequenzen drohen oder es schwerfällt?
- Hast du den Mut, Wahrheiten auszusprechen, auch wenn es schwerfällt oder du möglicherweise Menschen damit verletzt?
- Wie bestechlich bist du im alltäglichen Leben?
- Bist du deinen Werten stets treu?
- Hast du die Bereitschaft, für dein Handeln auch einstehen?
- Findest du bei Fehlern oft auch die Schuld bei Anderen?
- Wenn du Ziele hast, lässt du dich leicht davon abbringen?
- Wer hat Schuld, wenn du manche Ziele nicht erreichst?
- Wie oft am Tag bist du gedanklich in der Zukunft oder in der Vergangenheit?

Wie ist es dir mit diesen Fragen ergangen? Für sich selbst einzustehen, auch wenn man nahestehende Menschen verletzt? Einmal NEIN sagen, dir selbst zuliebe. Nein zu sagen, weil das Thema deiner persönlichen Wertehaltung widerstrebt. Bei nicht gewollten Ergebnissen die Schuld anderen zu geben? All das spiegelt dein Selbstbewusstsein wider.

Die Psychologie versteht unter *Selbstwert* die Bewertung, die man an sich selbst vorgenommen hat. Aber Achtung: Diese Bewertung entsteht bereits in frühester Kindheit und wird geprägt von den wichtigen Personen in unserem Leben, den „Bewertungen", denen wir ausgesetzt sind und den Erfahrungen, die wir machen.

Wir alle brauchen das Gefühl wertvoll und für andere wichtig zu sein, dazuzugehören. Wird es uns nicht in die Wiege gelegt, dann werden wir auch als erwachsener Mensch einiges tun, um dieses Gefühl zu erlangen. Wir verbiegen uns, agieren nach fremden Werten, reden anderen Menschen „nach dem Mund". Immerhin gehören wir so mindestens irgendwo dazu. Tragen wir dieselbe Markenkleidung, gehören wir „dazu". Statussymbole wie Autos, Haus, Urlaube tragen als „Krücke“ auch bei, dass wir uns besser fühlen. Wir werten andere ab, um besser dazustehen. Aber wir urteilen nicht, es sind quasi „Notmaßnahmen“, die aus einem Selbsterhaltungstrieb entstehen.

Selbstachtung. Wieviel Achtung haben wir vor uns selbst? Für unsere eigene menschliche Würde. Wie respektvoll gehen wir mit uns um? Welche Aufmerksamkeit schenken wir uns? Wie gehen andere mit uns um? Setzen wir Grenzen, die andere respektieren? Wie sehr sind wir im Außen? Wieviel Beachtung schenken wir den Urteilen unserer Mitmenschen über uns?

Jetzt raucht uns schon der Kopf, nicht wahr? Ich fasse mal zusammen:

Unser Leben wird bestimmt durch den Wert, den wir uns selbst beimessen. Einflussfaktoren sind Kindheit, Prägungen, wichtige Erfahrungen – mal ganz neutral. Diese lassen uns zu dem werden, was wir von uns halten (*Selbstwert*). Auf diesem Selbstbild und dem Gefühl dazu resultiert unser *Selbstbewusstsein* (Bewusstsein über uns selbst) sowie unsere *Selbstachtung* und – in weiterer Folge – unser *Selbstvertrauen.* In vielen Fällen neigen Menschen dann zur Selbsterhöhung, sprich Selbstüberschätzung. Ein ganz normaler, psychologischer Effekt, sobald Menschen ihr Selbstwertgefühls bedroht sehen. Aber genauso normal ist es, sich klein zu machen. Dies ist eine psychologische Rettungsmaßnahme, um nicht unter die Räder zu kommen. Wenn man „klein“ ist, wird man nicht gesehen, was in vielen Situation lebensrettend ist bzw. zu sein scheint.

Allerdings – um jetzt wieder zum Thema zurückzukehren – ist es für eine Preiskalkulation nicht sehr hilfreich. Wenn man sich „klein“ fühlt, wird man keine angemessenen Preise verlangen.

Übung

Nachdem du mit der Skalenabfrage schon vertraut bist, schauen wir uns deine innere Bewertung mal an. Du weißt schon. 0 = wenig bis gar nicht, 5 = mittel, „geht soweit“, ab 6 = „spitzenmäßig“, viel. Lass das Thema wirken (z.B. Selbstwert) und kreuze dann spontan an, welche Zahl aufsteigt. Lass dich nicht irritieren. Es kann durchaus sein, dass du beim Punkt „Selbstbewusstsein“ einen hohen Wert hast und bei „Selbstwert“ einen niedrigen.

Selbstwert

1	2	3	4	5	6	7	8	9	10

Selbstbewusstsein

1	2	3	4	5	6	7	8	9	10

Selbstachtung

1	2	3	4	5	6	7	8	9	10

Wie ist denn nun das Ergebnis? Alle Werte bis „6" sind betrachtenswert. Ab „7" sind wir im „grünen" Bereich. Auch hier ist es wichtig, sich in Akzeptanz zu üben. Es ist, was es ist. Ein ganz toller Schritt ist es, einfach anzunehmen, dass der Selbstwert im Keller ist. Hingabe an die Wahrheit. Ohne ABER.

Der nächste Schritt: Mach dir folgendes bewusst: (bitte auch in das Notizbuch aufschreiben)

- Welche nährenden, wohltuenden Beziehungen hattest du in der Vergangenheit?
- Welche guten Erlebnisse begleiteten dich bisher auf deinem Lebensweg?
- Welche Krisen hast du bereits gut bewältigt?

Dies ist ein unglaublich wichtiger Schritt zu einem guten Selbstwert. Du bist nämlich nicht das, was du zu sein scheinst. Deine Essenz ist mehr. Du bist mehr als du glaubst.

Weitere Impulse:

- Lebe deine Werte! Sei mutig und verteidige sie auch!
- Setze Grenzen! Es geht die Welt nicht unter, wenn du einmal zu viel NEIN sagst. Jemand, der dir wohlgesonnen ist, wird dies verstehen!
- Lebe deine ureigene Spiritualität! Die, die dir gut tut und die Seele nährt.
- Gehe achtsam mit dir und deinem Körper um!

Bevor wir nun ans Rechnen gehen, erzähle ich dir noch eine Geschichte von einer meiner liebsten Freundinnen. Sie ist sensitiv, hat eine mitreißende, lebensbejahende Einstellung, ist sehr kreativ. Sie kann unglaublich schöne Dinge nähen und hat ein Händchen für alles Feine. Aus meinen Frauenkreisen heraus entstand die Idee, ein Schatzheberinnen-Tuch für den Mittelpunkt im Frauenkreis zu nähen, welches alle Archetypinnen[27] umfasst, die im Kapitel 1.2 „Die Schätze der Schatzheberin" beschrieben sind. Im Durchmesser etwa zwei Meter groß, rund, sollte es aus wunderschönen Stoffen genäht werden, deren Farbe und Haptik die Qualitäten der Archetypinnen wiedergeben sollte. Ich bat Rita (Name natürlich geändert) um Hilfe. Sie, sehr hilfsbereit, machte sich sogleich an die Arbeit und schneiderte tagelang. Unnötig zu sagen, dass es ein wundervolles Stück für meine Frauenkreise wurde. Das Tuch fand so großen Anklang, dass es zu Auftragsarbeiten kam. Ich bat Rita um einen Preis für die Arbeit. Die Stoffe wurden beigestellt. Was dann geschah? Unnötig zu sagen, dass sie es gratis machen wollte, weil es ihr so leichtfällt, da könne sie nichts verlangen." Auf mein Drängen hin machte sie dann doch einen Preis: Zwanzig Euro wollte sie für ein Tuch haben. Aber mehr könne sie wirklich nicht verlangen, da fühle sie sich nicht mehr wohl. Ich versuchte gefasst zu bleiben, nahm wortlos den Taschenrechner zur Hand. „Rita", sagte ich. „Wenn ich jetzt richtig rechne, dann bedeutet dies, dass du bei einer Arbeit, an der du drei Tage lang, acht Stunden pro Tag sitzt, zwanzig Euro verdienst. Oder?" Sie nickte. „Das wäre dann ein Stundensatz von einem Euro und zwanzig Cent pro Stunde." Du denkst also, dass das zu viel ist? Wir sprechen von ausschließlich reiner Arbeitszeit. Die Abnützung deiner Maschine, zusätzliches Material, wie Faden, etc. noch nicht mal gerechnet." Da hatte sie schon Tränen in den Augen...Die Thematik war ihr sofort klar. Ihre Vergangenheit, in der Demütigung und seelischer Missbrauch an der Tagesordnung waren, kannten wir beide. Übrigens trotzdem kein Einzelfall. Ich habe unzählige Beispiele aus meiner Beratungspraxis. Eine Klientin, die geniale Konditorwaren bäckt. Sabine stellt wundervolle praktische Einkaufstaschen her. Karin macht feinsten Modeschmuck. Nein, nein...sie verschenken das alles. Sie können nichts verlangen, wenn sie so eine Freude beim Herstellen haben. Übrigens ist es nicht nur im kreativen Bereich so. Auch Steuer- und Lebensberaterinnen kennen das.

27) Im Kreis des Lebens. Die 13 Archetypen der Frauen, Elisabeth Davis & Carol Leonard, Arun Verlag

Ich kürze jetzt mal ab. Nicht nur als Unternehmerin, auch im Angestelltenverhältnis trauen sich Frauen nichts zu verlangen. Nur wenige Frauen legen ordentliche Gehaltsverhandlungen vor. Jede zweite Frau in meiner Beratung schlägt mir vor, mal vorerst gratis zu arbeiten, damit der neue Betrieb sehen kann, was sie leistet. Es gibt kaum eine Frau, die zuerst fragt, was ihr denn der neue Betrieb bieten kann. Kein Scherz. Ich habe Hunderte solche Beispiele in meinen Beratungen.

Wie geht nun die aufmerksame Schatzheberin damit um? Sie weiß um dieses Thema. Sie weiß, dass wir einander stärken, uns und unseren Fähigkeiten wieder einen Wert geben und achtsam miteinander umgehen. Ihr ist bewusst, dass dies ein Prozess ist. Ihr ist bewusst, dass dies ein holpriger Weg ist, auf dem Widerstand aus den Erfahrungen der Vergangenheit heraus vorprogrammiert ist. Sie erinnerst sich und ihre Frauen immer wieder an die Säulen, die unser Selbst-Bewusstsein stützen:

- Nimm dich selbst an!
- Lebe integer!
- Übernimm Verantwortung für dich und dein Leben!
- Behalte deine Träume und Visionen im Blick!
- Lebe bewusst und achtsam!

Dann schlage ich vor, wir beginnen zu rechnen!

5.2. Nicht um jeden Preis

Abgesehen davon, dass uns unser angeschlagener Selbstwert bei der Preisgestaltung reinpfuschen könnte, ist eine gute Preiskalkulation tatsächlich eine Herausforderung, bei der sich auch die erfahrene Unternehmerin schwertut. Gilt es doch einen Preis zu machen, der halbwegs im Preisniveau der Branche liegt, konkurrenzfähig bleibt, aber mit dem man doch Gewinne macht. Ja, ja, es gilt Gewinne zu machen. Daran möchte ich nochmals erinnern. Du willst ja auch überleben. Miete bezahlen. Lebensmittel kaufen. Zum Frisör gehen. Deinem Kind Wünsche erfüllen. Einfach deinen Lebensunterhalt bestreiten. Denke bitte daran, dass du den Frauen und der Gesellschaft etwas gibst, was einen hohen Wert hat.

Zum Beispiel frage ich in unregelmäßigen Abständen meine Frauen, was ihnen denn der Frauenkreis gebracht hat. Das ist der Nutzen, den sie aus meinem Angebot ziehen und daraus resultiert, wieviel sie bereit sind zu bezahlen. Das mal ganz sachlich. Aber zurück zu dir. Vielleicht ist es jetzt ein guter Zeitpunkt sich zu überlegen, wie du dich als Unternehmerin fühlst. Vielleicht ist dir das ganze Getue um den Nutzen und die Preiskalkulation jetzt schon zu viel und du magst das Kapitel am liebsten überspringen. Dann bitte ich dich, jetzt schon mal zu überlegen, welches Vorbild du als Frauenkreisleiterin sein möchtest. Bitte erinnere dich:

Du bezahlst...
...bei der Bäckerin das Brot zum festgesetzten Preis.
...bei der Antiquitätenhändlerin antike Sachen.
...bei der Frisörin für deinen Haarschnitt.
...bei der Rechtsanwältin die Beratungsleistung.
...bei der Astrologin für die astrologische Beratung.
...bei der Masseurin für die Massage.
...bei der Seminarleiterin für die Teilnahme an einem Seminar.
...bei der Frauenkreisleiterin für die Teilnahme an einem Frauenkreis.

Ganz einfach. Dein Widerstand findet nur in deinem Inneren statt. Die Frau, die an einem Frauenkreis teilnehmen möchte, weiß, dass sie für deine Dienstleistung bezahlt. Punkt.

Nun die Fakten: Der Preis gehört gut kalkuliert und überlegt. Es geht um mehr, als einfach alle anfallenden Kosten zusammenzurechnen und einen Gewinn aufzuschlagen. Ist der Preis zu niedrig kalkuliert, entgeht der Unternehmerin Geld. Möglicherweise wären Kundinnen bereit gewesen, auch mehr zu bezahlen. Gehst du weit unter das Preisniveau, spricht man von Dumpingpreis. Das ist, wenn der Preis nicht mal die Kosten deckt und weit unter dem Marktpreis liegt. Außerdem könnte man den Wert des Produkts oder der Leistung anzweifeln, wenn es zu günstig ist. Ist der Preis zu hoch, kauft niemand und du verlierst potenzielle KundInnen.

Der erste Schritt – Marktforschung: Mach dich schlau, was Kolleginnen verlangen. Besuche selber Frauenkreise. Frage Frauen, was sie bereit wären zu bezahlen. Spüre selbst hinein, welcher Betrag für dich stimmig ist.

Der zweite Schritt – Kosten: Wir beginnen mit den ganz normalen Betriebskosten. Kosten für den Raum, in die du hoffentlich schon Strom, Heizung und Wasser einbezogen hast. Kosten für die Reinigung. Dann geht's weiter mit den Kosten für Versicherung und Telefon. Dein Auto: Abnützung, Benzin, Parkgebühren.

Materialkosten für Stifte, Tücher, Kerzen, CDs und Papier sind nicht zu unterschätzen. Hinzu kommen noch die Verköstigung deiner Teilnehmerinnen sowie Ausgaben für Werbung, wie Flyer oder auch eine Anzeigenschaltung. Ach ja, und natürlich öffentliche Abgaben wie eine Kammerumlage (in Österreich), falls du einen Gewerbeschein besitzt und Steuern.

Nicht zu vergessen:

Deine Arbeitszeit! Hier könntest du gleich überlegen, welchen Stundensatz du dir selbst gibst. Hast du Erfahrung mit Honoraren? Wenn nicht, mach dich schlau, was Dienstleister so für Stundensätze kassieren. Prüfe quer durch alle Branchen. Falls du deine Frauenkreise bei dir Zuhause abhalten möchtest, bedenke, dass dir auch Kosten anfallen wie Abnützung, Wasser, Strom, Heizung, etc..

Der dritte Schritt – ein angemessener Preis: Spüre für dich nach, wie es dir mit diesen Beträgen geht. Wie du dich mit der Preisuntergrenze fühlst, aber gehe auch an die Obergrenze. Lass die Preise ein paar Tage wirken. Prüfe nach ein paar Tagen noch einmal und entscheide dich für einen (kostendeckenden!) Betrag, der sich für dich gut anfühlt!

Ein Rechenbeispiel:

€ 60,00	Raummiete für den ganzen Abend
€ 10,00	Kaffee, Tee, Wasser
€ 10,00	anteilig Materialkosten (Papier, Kleber, Stoffe, CDs)
€ 10,00	anteilig Auto bzw. Benzin
€ 10,00	anteilig für Flyer/Werbung usw.
€ 90,00	Honorar für deine Arbeitszeit drei Stunden abends
€ 190,00	Gesamtkosten für den Abend

Ein kostendeckender Tarif wäre nun wie folgt:

€ 27,00	Preis pro Teilnehmerin bei sieben Teilnehmerinnen
€ 38,00	Preis pro Teilnehmerin bei fünf Teilnehmerinnen

Liebe Schatzheberin, das ist ein Auszug aus einer möglichen Rechnung und ein Beispiel. Überschlage mal deine Kosten. Im einfachsten Fall addierst du die

Kosten sowie dein Honorar für deine Arbeitszeit, die du einem Frauenkreis zuteilen kannst, und dividierst es durch die Anzahl der möglichen Teilnehmerinnen. So siehst du, ab welcher Mindestteilnehmerinnen-Zahl du kostendeckend arbeitest.

Arbeitest du bei diesen Kosten für weniger, bist du nicht mehr kostendeckend. Gerade in der Anfangsphase kann dies durchaus passieren, allerdings darf es nicht zur Gewohnheit werden. Auf Dauer ist es sehr unbefriedigend, dein Herzblut in den Frauenkreisen zu geben, das Material dazuzulegen und mit weniger als Null auszusteigen. Bedenke auch, dass es später schwierig ist, eine starke Preiserhöhung in kurzer Zeit zu argumentieren.

Um aus dem Nähkästchen zu plaudern: In meiner Anfangszeit vor vielen Jahren war ich, wie viele Kolleginnen zu Beginn, viel zu günstig. Nach dem dritten Frauenkreis haben mich die Teilnehmerinnen selbst darauf angesprochen. Sie würden so vom Frauenkreis profitieren, dass sie mehr bezahlen möchten. Ich war baff. Somit habe ich erhöht. Nach einem halben Jahr erst habe ich eine einfache Kostenrechnung aufgestellt und festgestellt, dass ich bei weitem nicht kostendeckend arbeite. Mit diesem Argument habe ich nochmals erhöht. Meine Angst, dass niemand mehr kommen wird, hat sich übrigens nicht bewahrheitet. Ganz im Gegenteil. UND: eine Preisdiskussion gab es nicht mehr.

Arbeitest du bereits freiberuflich, ist dir diese grobe Kalkulation höchstwahrscheinlich vertraut. Oder du hast Lust, deine Kalkulation nochmals durchzurechnen? Ist es Neuland für dich, möchte ich dich ermutigen, einfach mal mit den Zahlen zu spielen und im geschützten Rahmen deine persönliche Rechnung aufzustellen. Wichtig ist, dass du dich mit dem Tarif wohlfühlst, deine Kosten gedeckt sind UND du mit Gewinn arbeitest! Nur dann wirst du langfristig Freude an deiner Arbeit haben.

6. Schritt: Krönchen zurechtrücken und los geht's!

Liebe Schatzheberin, viel ist geschehen. Es war wirklich harte Arbeit. Gratuliere dir! Du hast dich ausgezeichnet gehalten! Dich mutig den Themen gestellt und vielleicht sogar schon Pläne für deine Frauenkreise gestaltet. Wir nähern uns nun dem Zieleinlauf. Weißt du schon, wo du die Frauenkreise abhalten möchtest? Hast du eigene Räumlichkeiten bei dir im Haus oder möchtest du dich irgendwo einmieten? Wie sieht es mit der Präsenz deiner Arbeit nach außen aus? Möchtest du eine eigene Homepage? Hast du schon daran gedacht, Flyer zu entwerfen? Braucht man Flyer überhaupt? Bist du in den Sozialen Medien noch vorsichtig, wenn du über deine Arbeit sprichst? Kann man überhaupt abseits von Facebook & Co überleben? Eine Grundsatz-Frage: Siehst du dich als Unternehmerin? Wie geht es dir damit? Breitet sich ein wohliges, stolzes Gefühl in dir aus oder läuft dir eher ein Schauer über den Rücken? Wenn es sich wohlig anfühlt: Auf was bist du so richtig stolz? Wenn ein gruseliger Schauer über deinen Rükken läuft: Was genau ist deine größte Angst? Ach ja ... jetzt könnte wieder das kleine Notizbüchlein zum Einsatz kommen. Übrigens – mein alter Astrologielehrer wurde nicht müde zu betonen: „Mach das, wovor du Angst hast. Dort liegt dein größtes Potenzial." Rückblickend gesehen hatte er absolut recht.

Also liebe Schatzheberin, stürze dich auf die Dinge, die dir gruseln und mache sie zu deinen größten Erfolgen. Bei der Gelegenheit: Denke auch an deine eigene Psychohygiene! Wenn du mit Menschen arbeitest, macht es wirklich Sinn, auch an Supervision zu denken. Notiere das gedanklich gleich mal in deinen Jahresplan. Auch Weiterbildung ist ein Thema. Gibt es eine Richtung, in welche bildungsmäßig dein nächster Schritt führen könnte?

Ach, da wäre ja noch ein wichtiges Thema: das Gewerberecht. Bedenke, dass die jeweilige Wirtschaftskammer, das Finanzamt und auch die Sozialversicherung zum Thema werden, wenn du als Unternehmerin tätig wirst. Es gibt verschiedene Möglichkeiten, unter welchem Gewerbe du die Frauenkreise abhalten kannst. Ob du die Frauenkreise unter deinem aktiven Gewerbeschein abhältst oder ein freies Gewerbe (Vortragender) wählst. Prüfe vorab noch die finanz- und gewerberechtlichen Bedingungen deines Landes. Der Vollständigkeit halber sei noch eine Betriebsversicherung erwähnt, die dich und deine Teilnehmerinnen im Rahmen der Frauenkreise schützt. Für eine Beratung stehen dir die Experten in der Wirtschafts- bzw. Industrie- und Handelskammer deines Wohnortes zur Verfügung.

Aber nun wieder zurück zum Thema!

6.1. Räumlichkeiten

Die günstigste Variante ist anfangs sicher, wenn du einen Raum in deinem Haus oder in deiner Wohnung für dich verwenden kannst. Ich kenne Kolleginnen, die haben sich im Souterrain ihres Hauses einen wirklich tollen Meditationsraum eingerichtet. Andere wiederum konnten ihren Dachboden unglaublich genial ausbauen. Es ist nicht nur finanziell ein Gewinn, sondern auch zeitsparend. Du hast keine Wegezeit und brauchst auch deine Utensilien nicht spazieren zu fahren. Vielleicht hast du sogar einen Raum, der separat von deinen Wohnräumen zu begehen ist. Je nachdem, ob du allein wohnst oder mit deiner Familie. Die andere Seite ist: Es ist sicher nicht jedermanns Sache, wenn in regelmäßigen Abständen fremde Menschen durch das eigene Wohnzimmer laufen. Auch die ständige Benutzung deiner eigenen Küche und Toilette durch deine Klientinnen ist zu überlegen. Wie geht es dir, wenn fremde Menschen in deiner Küche werken? Energetisches Arbeiten in den eigenen Räumen sollte wirklich gut durchdacht sein. Ist aber sicher eine gute Lösung, um den Fuß in die Tür zu bekommen.

Die Alternative dazu ist, sich eigene Räumlichkeiten anzumieten. Die Bandbreite der Möglichkeiten ist hier groß. Von der stundenweisen Miete eines Raumes bis hin zur dauerhaften Anmietung einer Wohnung für deine Frauenkreise. Praxis-Sharing ist hoch im Kurs. Sich eine Praxis zu teilen senkt für alle die Kosten. Ist das für dich eine Option, dann sieh dir potenzielle „Nachbarn" gut an, wenn du dich stundenweise einmieten möchtest. Was sind die Dont's in dieser Wohnung? Lautstärke? Dann ist das aus meiner Sicht schon ein Ausschließungsgrund. Auch wenn du jetzt zu Trommeln noch keinen Bezug hast, vielleicht möchtest du nächstes Jahr dieses Werkzeug in deinen Schatzkiste packen. Singen? Ist das dort möglich? Kann man dort gut parken? Wie sieht es mit freien Parkplätzen aus? Wie ist das Ambiente? Fühlst du dich dort wohl? Ist die Küche in den Wohnraum integriert? Passt das für dich? Hört man die Nachbarn bzw. jemanden, der im Treppenhaus ist? All diese Dinge sollten überlegt werden. Aber schauen wir mal weiter zur Ausstattung.

Wie soll denn solch eine Räumlichkeit ausgestattet sein? Ich war wirklich in vielen Räumlichkeiten eingemietet und ich kann dir sagen, ich bin sehr pingelig. Dementsprechend lange war ich immer auf der Suche. Wenn es möglich ist, bevorzuge ich Naturmaterialien. Und so ein feiner echter Holzboden macht schon etwas aus. Wichtig ist mir auch, dass es ordentlich ist und nicht schmuddelig. Nachputzen ist schnell mal getan, aber eine schmuddelige Toilette wird deinem Ruf angelastet. Generell: Ich bevorzuge klare und offene Räume. Wenig Möbel. Energetische Arbeit braucht Freiraum. Tanz und Bewegungsmeditation brauchen ebenso Raum. Manchmal möchte sich eine Frau für einen Moment auch zurückziehen. Dann braucht es einen zweiten Raum, der das ermöglicht. Gibt es Rauchmelder? Achtung: Das macht es dir fast unmöglich zu räuchern. Mach dir eine Checkliste und notiere dir alle Faktoren, die dir wichtig sind. Mach hier keine Zugeständnisse. Aus meiner Erfahrung fallen einem die bald um die Ohren. Aus dem geduldigen Nachbarn, den es „eh nicht stört, wenn es nicht zu laut ist", wird bald ein ungeduldiger, wenn regelmäßig gesungen und getrommelt wird. Die Rauchmelder, die man anfangs in Kauf nimmt, schränken dich alsbald in deiner methodischen Bewegungsfreiheit ein. Einen schludrigen Raum jedes Mal aufs Neue von oben bis unten selbst putzen zu müssen, ist ein ziemlicher Aufwand, der bald ins Gewicht fällt. Also: Wie genau sollen deine Räume für dein Konzept der Frauenkreise beschaffen sein? Was brauchst du, um deinen Frauen ein bereicherndes Umfeld schaffen zu können?

6.2. Werbung, Flyer & Co

Wenn wir „Werbung" hören, dann gruselt es vielen. Wir haben umfangreiche Flyer vor Augen, Radio, Fernsehen, Anzeigen in Print-Medien. UND: Vierstellige Zahlen im Kopf. Die meisten von uns haben weder Kenntnisse in Grafik noch Erfahrung im Texten. Und: Viele Frauen scheuen sich davor, Werbung zu machen. Werbung, Flyer & Co haben immer noch einen sehr marktschreierischen Touch für jemand, der bislang nichts damit zu tun hatte. Aber Werbung ist nichts anderes, als die Verbreitung von unternehmerischen Informationen in der Öffentlichkeit mit dem Zweck, deine Dienstleistung bekannt zu machen. So ähnlich definiert das auch Wikipedia.[28] Das wollen wir ja, nicht wahr? Würdest du jetzt ein Installationsunternehmen gründen, würdest du das ja auch publik machen wollen. Sonst wüsste ja niemand davon. Womit wir gleich zur nächsten Grundsatzfrage kommen: Sind wir uns einig, dass du als Frauenkreisleiterin eine Unternehmerin bist? Dass es einen gewissen Außenauftritt braucht? Haderst du noch damit? Wäre es dir vorerst lieber, im Kreise bekannter Frauen deine Frauenkreise anzubieten? Bitte setze dich nicht unter Stress, das ist auch ok. Wesentlich ist, dass du in der Ruhe, in deiner Energie bleibst. Fühlst du dich aber gerufen, dass dich auch andere Frauen finden, dann ist das wunderbar.

Aus meiner Erfahrung darf ich dir sagen, dass es eine sehr bereichernde und kreative Arbeit ist, an deinem Außen-Auftritt zu arbeiten. Egal ob Homepage, Facebook-Seite oder Flyer. Vielleicht solltest du sogar ein Logo kreieren. Mit welchen Farben definierst du dich? Welche Wortwahl soll deine Texte begleiten? Welchen Titel würdest du für dich wählen? Welche Worte beschreiben deine Arbeit, dein Angebot? Was sind die Schwerpunkte deiner Arbeit? Welche Frauen möchtest du erreichen? Eher reife Frauen? Oder junge Frauen? Liebst du die Arbeit mit Jugendlichen? Schlägt dein Herz für alles, was mit Schwangerschaft und Geburt zu tun hat? Welche Themen finden sich immer wieder in deinem Angebot? Ich darf dir jetzt schon verraten, dass du wirklich gefordert sein wirst, deine Arbeit, deine Themen konkret zu machen. Dich zu fokussieren. Bedenke: Nischen sind gewünscht! Jede Nische hat ihre Interessentinnen. Je konkreter, desto besser. Das erste Brainstorming zeigt (fast) immer: Wir wollen alle Frauen ansprechen. Das nehme ich meist schmunzelnd zur Kenntnis, um dann weiterzubohren. Denn bitte erinnere dich: Alle Frauen sind letztendlich keine Frauen.

28) https://de.wikipedia.org/wiki/Werbung

Denke nur daran, dass eine junge Frau, eine schwangere Frau und eine Frau in den Wechseljahren in komplett unterschiedlichen Lebensphasen sind und daher die Bedürfnisse und Interessen ziemlich weit auseinanderliegen. Allerdings gibt es Themen, die sich über alle Phasen erstrecken, dann passt es wieder. Ich möchte dich nur immer wieder auf diese Fragen zurückwerfen. Welche Themen berühren dein Herz? Was willst du bewirken? Kannst du das gut beantworten, dann hast du schon deine Zielgruppe. Ich selbst habe vor vielen Jahren auch getüftelt und überlegt. Ich war lange mit dieser Frage schwanger. Eine gute Freundin und Unternehmensberaterin fragte mich dann einmal so ganz nebenbei: „Was haben eigentlich all die Frauen gemeinsam, die zu dir in die Beratung kommen?" Tja ... das war meine Erleuchtung: All diese Frauen befanden sich in einem starken Veränderungsprozess. Standen vor der Schwelle. Es ging um Orientierung, Innenschau und Stärkung der weiblichen Anteile, der weiblichen Intuition, ungeachtet des Alters. Um dann selbst stark, gefestigt und mutig die nötigen Entscheidungen für ein selbstermächtigtes Leben zu treffen. DAS waren meine Frauen. Meine Zielgruppe. Ich kannte somit das Krisenfeld und was benötigt wird. Ich wusste nun, welche Texte und Worte „meine" Frauen ansprechen.

Ich bin ein Fan von gedruckten Flyern, die du bei Interesse jemandem geben kannst. In Ärztezentren oder Apotheken hinterlegen, bei Gynäkologen, in Beratungszentren und Einrichtungen für Frauen. Immer nur nach Rücksprache, versteht sich von selbst. Allerdings ist ein Flyer nur dann sein Geld wert, wenn du ihn gut und zielgruppengerecht aufbereitest und verteilst. Den Flyer an jede Windschutzscheibe oder in jeden Postkasten in deiner Wohnumgebung zu stekken, ist nicht zielführend und nebenbei auch nicht erlaubt. Gehe auch hier umsichtig und mit Überlegung vor. Sei sparsam in der Verteilung. Es geht ums Geld und um deinen Namen. Den Flyer in einem Autohaus zu hinterlegen ist wenig zielgruppengerecht und verschleudertes Geld. Dieser, jedoch in einem Frauenberatungszentrum ausgelegt, kann dir viele Kontakte bescheren. Überlege dir, wo deine Zielgruppe sich aufhält.

Dann finden wir noch Multiplikatorinnen. Das sind Menschen oder Unternehmen, die deine Zielgruppe als Kunden haben. Deine Yoga-Lehrerin? Vielleicht arbeitet eine Bekannte in einem Versicherungsunternehmen mit einem Produkt speziell für Frauen? Oder deine spirituelle Lehrerin möchte dich unterstützen und legt deine Flyer auf? Ein Laden mit alternativem Produktsortiment hat sehr oft eine Ecke für solche Angebote. Wo halten sich bewusste Frauen auf? Wo gehen sie einkaufen? Was machen sie in ihrer Freizeit? All das sind Überlegungen, die helfen, Geld zu sparen und sparsam und zielgruppengerecht dein Angebot zu platzieren. Möchtest du einen Schritt weitergehen und sogar eine Anzeige, ein Inserat schalten? Hier gilt dieselbe Vorgehensweise. Ein Inserat in einer Tageszeitung wird dich viel kosten und dir wenig bringen. Eine Anzeigenschaltung in einem Magazin für bewusst lebende Frauen hingegen könnte durchaus Sinn machen. Hier nur ein kleiner Nachsatz: Wenn du daran denkst, bitte berücksichtige, dass eine einmalige Schaltung oft wenig bringt. Es ist gut, wenn eine Anzeige inhaltlich zum Thema passt und wiederholt geschalten wird. Aus der Werbung gibt es einen Richtwert: Eine Information muss sechs bis sieben Mal gesehen werden, um registriert zu werden. Bist du interessiert, würde ich es einfach mal in einem bewusst ausgewählten Magazin testen. Der Vollständigkeit halber ist es noch wichtig zu erwähnen, dass natürlich jede öffentliche Präsenz deinerseits „Werbung" ist. Hast du die Möglichkeit, in einer Sendung zu sprechen? Wunderbar. Du wirst um ein Interview gebeten? Oder du möchtest einen Stand auf einer Frauenmesse buchen? Genial! So hast du die Möglichkeit, direkt in Kontakt mit deiner Zielgruppe zu kommen. Alles was sich für dich gut anfühlt, würde ich wagen.

Den eigenen Flyer selbst grafisch zu gestalten, davon rate ich wirklich ab. Außer du kommst vom Fach oder bist Grafikerin. In meinen beruflichen Anfängen habe ich anfangs selbst einen Flyer gebastelt. Ich darf dir sagen: man sieht es immer. Ganz egal wie gut du improvisieren kannst, es wird nie so, dass es professionell aussieht. Mein Tipp ist: Lass dir Zeit damit. Schau dir an, wie es Kolleginnen machen und sammle alles, was dir gefällt und für dich stimmig ist. Dann bitte eine Fachfrau, dir behilflich zu sein. Wenn man deinen Flyer in die Hand nimmt, muss man dich spüren können. Dann ist er wirklich gelungen.

6.3. Eine eigene Homepage

Womit wir gleich beim nächsten Thema wären. Eine eigene Homepage oder nicht? Wobei: Wir befinden uns im Informationszeitalter. Dies bedeutet, dass fast jede Information digital aufzufinden ist. Wenn du vor zwanzig Jahren noch stundenlang in der Bibliothek gesessen hast, um deine Diplomarbeit auszuarbeiten, findest du heute praktisch alles im Internet. Was wiederum bedeutet, dass im Netz alles Mögliche gesucht wird. Du kennst das selbst, nicht wahr? Wir suchen den nächstgelegenen Installateur online. Einen Tischler mit guten Bewertungen. Das preisgünstigste Notebook. Die Pizza-Bestellung über eine Online-Plattform. Oder eben einen Frauenkreis in deiner Umgebung. Was natürlich nicht bedeutet, dass es ohne nicht geht. Bist du eine absolute Offline-Frau, dann ist das genauso stimmig. Bist du gerade auf dem Weg, das Internet für dich zu erkunden, dann lass dir hier noch ein wenig Zeit. Auch hier gilt wieder: Bleib bei dem, was sich für dich gut anfühlt. Möchtest du einen Schritt weitergehen, wird sich der Impuls zum richtigen Zeitpunkt zeigen.

Aber bleiben wir mal bei der Homepage selbst. Inhaltlich gesehen haben wir auch hier wieder dieselben Fragen. Wen möchtest du ansprechen? Was möchtest du von dir zeigen? Wieviel privates darf auf die Homepage? Soll sie nur dein grundsätzliches Angebot zeigen? Möchtest du deine aktuellen Termine auf deiner Seite haben? Die Homepage bietet Raum für Kontaktaufnahme. Möchtest du das forcieren oder nur deine Mailadresse zeigen? Möchtest du Bilder auf deiner Seite zeigen? Deine eigenen? Wählst du fremde Bilder, bitte beachte das Urheberrecht! Immer wieder sehe ich, wie wahllos Fotos aus dem Internet geladen und auf die eigene Homepage gestellt werden. Das ist nicht erlaubt und darauf gibt es empfindliche Strafen. Es gibt Bildagenturen, die bieten Bilder zum Kauf an. Dann gibt es Plattformen, die bieten Bilder kosten- und lizenzfrei. Eine gute Möglichkeit ist hier zum Beispiel pixabay.com. Fein ist es, die eigenen Bilder zu verwenden. So du eigene Fotos hast. Auch hier: Schau dich ein bisschen um und lass dich von anderen Anbieterinnen inspirieren.

Hast du dein Konzept, dann geht es zum nächsten Schritt. Wie soll deine Homepage lauten? Dein Name? www.sabine-müller.de? www.frauenkreise-und-kräuter.ch? Möchtest du die Frauenkreise unter einem fiktiven Namen oder Slogan anbieten, wie zum Beispiel: www.woman-spirit.at? Denke auch hier daran, keine Urheberrechte zu verletzen. Gibt es den Namen schon im Netz? Du darfst auch keine bestehenden Markennamen verwenden. Bist du dir unsicher, dann lass dir hier noch ein bisschen Zeit. Denke daran, dass es hier Sinn macht, der Kreativität hier Grenzen zu setzen. Aus einem guten Grund. Du möchtest doch im Netz gefunden werden? Da bist du schon auf der Überholspur, wenn du einen Begriff als Domain[29] findest, der von potenziellen Kundinnen in der Suchfunktion eingeben wird. Ich gebe dir noch ein Beispiel. Ich bin auch Ernährungstrainerin. Die beste Eingebung, die ich je hatte, war, meine Seite www.anti-stress-ernaeh-

29) Domain ist der Name einer Website bzw. deine Adresse im Internet. So wirst du gefunden.

rung.at zu nennen. Der Grund war ein einfacher. Mein Unternehmens-Schwerpunkt in diesem Bereich ist eine Ernährung im Rahmen der Burnout-Prävention. Somit habe ich mich für diese Domain entschieden. Erst hinterher habe ich erkannt, wie genial es ist, weil viele potenzielle KundInnen in der Suchfunktion „Anti-Stress-Ernährung" eingeben. So kam ich schon zu vielen Anfragen, unter anderem auch für ein Interview oder zu der Bitte, einen Artikel zu schreiben und wurde von einigen Unternehmen gefunden, die Experten für Vorträge und Kochkurse suchten. Leg diese Vorgangsweise auf deinen Schwerpunkt um und schau mal, welche Namen dir hier in den Sinn kommen. Vielleicht magst du auch ein Brainstorming im Freundeskreis machen? Ach ja, dann gilt es noch zu prüfen, ob dein Name, deine Domain noch frei ist. Dies machst du bei einer Registrierungsstelle. „easyname.de" oder „nic.at" sind nur zwei von vielen Plattformen. Dort kannst du deine Domain auch gleich registrieren. Dies funktioniert in einem ganz normalen Bestellvorgang. Dann gehört dieser Name zunächst für ein Jahr dir.

Bist du computer-affin, dann magst du vielleicht deine Homepage selbst gestalten. Es gibt mittlerweile sehr viele Anbieter und Plattformen, die es uns Laien erlauben, unsere Seite selbst kreativ zu bauen. Es braucht keine speziellen Kenntnisse mehr, um eine professionelle Homepage aufzustellen. Es werden einige grundlegende Designs, sprich Templates angeboten, aus denen du wählen kannst. Wird dir das alles zu kompliziert, dann wende dich einfach an einen Profi. Oftmals ist dieser auch im Freundeskreis zu finden. Der Vorteil ist hier, dass du diese Homepage in weiterer Folge sehr leicht selbst befüllen kannst.

Dann gibt es natürlich noch die – zugegebenermaßen - nicht so kostengünstige Variante, dir die Homepage von einem Fachmann programmieren zu lassen. Die kannst du dir bis ins Details nach deinen eigenen Anforderungen und Vorstellungen bauen lassen. Du bist hier nicht an ein Design gebunden. Der Nachteil ist, dass du, sobald du Themen und Termine auf deiner Seite ändern willst, einen Programmierer brauchst. Das wird oft aufgrund der Kosten und der Verfügbarkeit eines Experten zur Herausforderung.

6.4. Facebook & Soziale Medien

Im Rahmen der öffentlichen Präsenz dürfen wir natürlich Facebook & Co nicht vergessen. Hier spielt sich ja mittlerweile ein Parallel-Universum ab. Wie geht es dir grundsätzlich damit? Graut es dir, wenn du nur daran denkst, weil du dich schon lange hier verabschiedet hast? Bist du jemand, der mit Instagramm schlafen geht und mit Facebook aufsteht? Bist du nur stiller Mitleser oder jemand, der sehr aktiv vertreten ist? Bist du sowieso eine Bloggerin oder hast du vielleicht sogar einen YouTube-Kanal? Dein geschäftlicher Auftritt ist auf Xing oder LinkedIn und deine kreativen Angebote hast du auf Pinterest? Deine Kommunikation läuft grundsätzlich über WhatsApp oder einen anderen Kommunikationsdienst? Oder wird dir schon schummrig, während du diese Zeilen liest? Bist du mit Facebook & Co vertraut, dann weißt du, dass die sozialen Medien nichts verzeihen. Einmal eingetippt. Einmal hochgeladen. Du bist verewigt. Möchtest du dort schritthalten und am Ball bleiben, musst du viel Zeit investieren. Facebook & Co ist ultraschnell. Kaum hast du einen Post abgesetzt, hast du schon die ersten Kommentare. Da gilt es aufmerksam zu sein. Wer schreibt was? Kommentierst du? Kommentierst du eher nicht?

Aber: Es sind geniale Plattformen, um mit deinen Kunden in Kontakt zu bleiben oder mit potenziellen Interessentinnen in Kontakt zu kommen. Dein Angebot, deine Dienstleistung zu positionieren. Die Stimmung deiner Zielgruppe zu erheben. Ganz persönliche Marktstudien zu machen. Nicht umsonst nutzten fast alle großen Unternehmen heute diese Medien.

Meine ganz persönliche Meinung: Der Mehrwert steht und fällt damit, wie du die sozialen Medien nutzt. Klug, verknüpft und wachsam. Gut überlegt, welche Inhalte du mit der ganzen Welt teilst, wissend, dass Facebook & Co nichts jemals vergisst. Schau dir auch hier an, wie das andere Schatzheberinnen organisieren. In Facebook tummelt sich eine Vielzahl an Frauengruppen. Gib mal in die Suchfunktion „Frauen“ ein oder „Frauenkreis“ oder „spirituelle Frauen“. Lass dir ein bisschen Zeit, das Tun und Schaffen dieser Frauen zu beobachten. Was spricht dich sehr an? Was gefällt dir nicht? Kommentiere in den Gruppen. Wenn du dir schon sicher bist, poste Inhalte, die zu deinem Thema passen. Kommentiere in der Form, in der du auch im Frauenkreis kommentieren würdest. Urteilsfrei. Wertschätzend. Impulsgebend. Ich bin mir sicher, mit der Zeit wirst du dich als interessante Schatzheberin da und dort etablieren.

7. Am Puls der Zeit, die digitale Schatzheberin

Sehr schön. Allein, dass du nun so weit gekommen bist, zeigt mir, dass du dich mit dem Gedanken an eine Online-Präsenz auseinandersetzt. Das ist gut. Ich möchte nicht sagen, dass es einfach ist, vor allem, wenn man wenig Erfahrung mit diesen Dingen hat. Aber es ist zu meistern. Das darf ich wirklich sagen. Ich bin noch die Generation, die ohne Computer und Handy aufgewachsen ist, also beileibe kein Digital-Native, wie man heute so schön sagt. Die jungen Menschen von heute sind ja praktisch digital aufgewachsen. Also ist es keine Frage des Könnens, sondern des Wollens, liebe Schatzheberin. Wir haben nun Homepage, Facebook und Online-Präsenz besprochen. Vielleicht hast du Lust, deine Frauenkreise auch online anzubieten und dadurch jeden regionalen Rahmen zu sprengen. Keine Lust? Oder hast du schon ein bisschen mit dem Gedanken gespielt? Schauen wir mal genauer hin:

Videotelefonie

Dies bedeutet, dass du mit Hilfe technischer Möglichkeit live deinen Frauenkreis hältst und jede Frau sitzt in ihrem Wohnzimmer. Also in Echtzeit. Vielleicht warst du schon mal in einem Onlinemeeting dabei. Das funktioniert ähnlich. Es treffen sich alle Teilnehmer gleichzeitig in einem virtuellen Seminarraum. Die technisch einfachste Form ist, das Treffen mittels Videotelefonie wie Zoom oder Skype zu organisieren. Jede Teilnehmerin ist zu Hause und hat trotzdem Kontakt zu jeder anderen Teilnehmerin. Wir hören uns. Wir sehen uns. Wir tauschen uns aus. Wir halten gemeinsam eine Meditation. Wir diskutieren auch in diesem Rahmen. Natürlich ist so ein Treffen nicht mit der Qualität eines Präsenz-Seminars zu vergleichen. Doch hat es seine Vorteile. Ich selbst genieße das Angebot eines Seminars, einer Meditation ohne in meine Schuhe zu steigen. Ich habe keine Anfahrtszeit. Ich schalte lediglich ein paar Minuten vor dem Start das Laptop ein und bin dabei. Das sind für mich schon unschlagbare Vorteile. Die technischen Voraussetzungen schauen wir uns im nächsten Kapitel an.

Webinare

Webinare sind die virtuelle Form von Seminaren und Schulungen. In unserem digitalen Zeitalter entstehen unglaublich tolle Seminarangebote in diesem Rahmen. Es ist technisch machbar, an einem Schulungsangebot von jedem Ort der Welt aus teilzunehmen. Internetanschluss natürlich vorausgesetzt. Aber es ist ein Riesengewinn, in Wien sitzend an einer Schulung in Zürich teilzunehmen. Auch hier gibt es nun mehrere Möglichkeiten. Du kannst in einem Webinar Power Points zeigen und dazu sprechen. Du kannst es aber auch abhalten wie ein Präsenz-Seminar. Du selbst agierst im Plenum und die Fragen von den Teilnehmern kommen dann via Chat. Auch in Zeiten wie diesen (wir befinden uns im Jahr 2021), in welchen Präsenzseminare nicht möglich sind, sind Webinare wunderbar. Ich selbst habe eine ganze Ausbildung in diesem Rahmen absolviert. Und ja, auch in einem Webinar ist ein intensiver Kontakt und Austausch möglich. Es erfordert lediglich andere Methoden. Es lohnt sich daher, wirklich ein paar Webinare zu buchen. Schau es dir an und spüre hinein, ob und wie es für dich passend wäre. Hole dir das Beste aus allen für dich heraus. Gib dir selbst die Chance die Erfahrung zu machen, dass Webinare sehr lebendig und anschaulich gestaltet werden können. Du erreichst den ganzen deutschsprachigen Raum damit und viele Frauen mehr. Lass dich nur nicht von der Technik abschrecken. Es ist heute alles schon mundgerecht, auch für den Laien gut aufbereitet. Wenn du wenig technik-affin bist, macht es vielleicht Sinn, dich von jemandem einweisen zu lassen, der Ahnung davon hat. Aber ich darf dich beruhigen. Wenn du dir Zeit nimmst, dir alles in Ruhe ansiehst, einen Schritt nach dem anderen gehst, ist es wirklich zu schaffen. Aber davon im nächsten Kapitel.

7.1. Die Technik

Zu Beginn: Es klingt alles schlimmer als es ist. Lass dir Zeit die Dinge zu begreifen und du wirst sehen. Es ist machbar. Beginnen wir nun ganz von vorn und ich verspreche dir: Ein Schritt nach dem anderen...

Hardware

Du brauchst einen Laptop mit einer Kamera und einem Lautsprecher. Ein Notebook, Tablet oder Smartphone. Kamera und Tonübertragung sollte bei modernen Geräten integriert sein. Ältere Modelle bzw. Stand-PCs kannst du aufrüsten. Du benötigst dazu eine kleine handliche Web-Kamera mit USB-Anschluss. Die gibt es separat zu kaufen und brauchbare Exemplare sind ab etwa zwanzig Euro erhältlich. USB-Anschluss ist das Kabel, das wir kennen, wenn wir Smartphones, Tablets & Co aufladen. Es dient zur Datenübertragung via Kabel. Tja, das ist es, was wir an Hardware benötigen. Womit wir gleich zu den Voraussetzungen an deine Internetverbindung kommen.

Internetverbindung

Dein WLAN, sprich Router oder Modem, also das Kästchen, das dir dein Internet liefert, sollte über eine ausreichend hohe Signalstärke verfügen. Das ist die Verbindungsgeschwindigkeit. Eine stabile Internetverbindung von mind. 6.000 Mbits (Mega-bits pro Sekunde) wäre wichtig, sowie 3G oder 4G/LTE. Ob dein Internet dafür ausgerichtet ist, erfährst du von deinem Anbieter. Wenn du eine gute Verbindung hast, sendest du gute und klare Bilder und eine gute Tonqualität. Manchmal ist es auch ratsam, mittels Netzwerkkabel eine stabilere LAN-Verbindung herzustellen. Sollte dein Internet hin und wieder „kippen“, dann platziere dich näher am WLAN-Router.

Software

Um Zoom oder auch Skype zu nutzen, musst du die passende Software aus dem Internet herunterladen. Für einen Frauenkreis würde ich ausschließlich Zoom nutzen. Hier habe ich selbst die besten Erfahrungen. Bei der Free-Version von Zoom können bis zu einhundert Menschen an einem Meeting teilnehmen. Jedoch läuft es leider nur vierzig Minuten. Die angemeldete Version ist kostengünstig und startet ab € 13,90 Euro pro Monat. Die Qualität ist gut, Chat ist möglich und das Programm ist relativ einfach zu bedienen. Es hatte bis jetzt immer eine relativ stabile Ton- und Videoverbindung. Die Organisatorin meldet ein „Meeting“ an, das sind zwei bis drei Einträge. Dann klick. Und du hast deinen Link, den du deinen Teilnehmerinnen weiterschickst. Als Teilnehmerin kannst du dich sowohl mit deinem Smartphone als auch mit dem Tablet oder dem Notebook mit einem Klick auf den Link einwählen. Skype ist ähnlich, funktioniert auch mit allen gängigen Browsern. Auch hier gilt: Nimm dir Zeit und teste ein bis zwei gängige Tools auf Herz und Nieren. Bist du eine technische Quereinsteigerin, dann würde ich dieses Thema mit einem Fachmann, der dir jederzeit mit Lösungen und Erklärungen zur Seite steht, ausarbeiten. Das hilft auf jeden Fall, den Blutdruck in ruhigem Niveau zu halten.

Vor einem Live-Termin

Die Technik sollte vor einem Live-Termin auf Herz und Nieren geprüft werden. Nichts macht mehr Stress als technische Pannen, die nicht sofort zu beheben sind. Vor einem Live-Termin überprüfe ich nochmals ob:

- ✓ die Hardware funktioniert
- ✓ die Internetverbindung steht
- ✓ Software eingerichtet ist
- ✓ der Bildausschnitt passt
- ✓ die Nachrichten im Blick habe.

Viele technische Pannen lassen sich durch eine ordentliche Vorbereitung vermeiden! Glaube mir, liebe Schatzheberin, eine Panne, verursacht durch Unaufmerksamkeit, das passiert einem wirklich nur ein Mal.

7.2. Dos and don'ts

Achte schon beim Testlauf auf eine gute Tonqualität und spiele mit der Lautstärke, bis es wirklich angenehm ist. Denke daran, wenn du Meditationen über Zoom anleitest, solltest du gut hörbar, aber auch nicht zu laut sein. Laufende Hintergrundgeräusche sind sehr unangenehm. Personen, die durchs Zimmer laufen, irritieren. Hunde, die den Postboten in dieser Zeit verbellen, machen sich auch nicht sehr gut. Hast du einen guten Klang im Raum? Hallt es?

Der Hintergrund sollte möglichst nicht ablenken. Eine helle, einfarbige Wand, mit maximal einem Bild bietet sich an. Ich selbst mag auch Bücherregale im Hintergrund. Wenn sie nicht zu überfüllt sind. Hast du im Rücken ein Fenster, spiegelt sich das Licht wider und frau sieht dich nicht gut. Hast du im Rücken die unaufgeräumte Kommode, macht das auch kein gutes Bild und wirkt sehr unruhig. Überlege dir vorher genau, welchen Bildausschnitt du deinen Teilnehmerinnen zeigen möchtest.

Wenn du während des Meetings schnell mal einen Kaffee holen gehst, solltest du das ankündigen. Es wirkt komisch, wenn du plötzlich aus dem Bild rausläufst. Auch mal schnell dem Postboten aufmachen, ist eher unpassend. Zuletzt habe ich ein Video einer Kollegin gesehen, die zu ihren Teilnehmerinnen meinte, sie warte jetzt auf einen Anruf ihres Sohnes, dann müsste sie schnell laufen, ihn abholen. Alles in allem sollte es auch hier eine ungestörte Zeit sein. Wenn du den Laptop für das Zoom Meeting anmachst, sollte es sein, als ob du die Tür zu deinem Meditationsraum schließt. Alles, was dir selbst in einem Video komisch vorkommt, solltest du auch bei dir hinterfragen.

Nachsatz

Liebe Schatzheberin, nun sind wir komplett unspektakulär am Ende angelangt. Es war eine wunderbare, aufregende und bereichernde Zeit. Die aufwühlende Innenschau, die Entdeckungsreise zu deinen wertvollen Schätzen und deinen Stärken. Wir haben gemeinsam die Werkzeugkiste geöffnet und du hast sicherlich schon für dich entschieden, welche Tools du in deinen Frauenkreisen einsetzen wirst. Ich bin sicher, du sprudelst schon vor Ideen. Und wenn nicht, dann darfst du noch ein bisschen schwanger gehen. Es wird zum rechten Zeitpunkt alles da sein. Von Herzen möchte ich dir mitgeben, wirklich auf deinen „Wert und somit Preis" zu achten. Es ist eine unglaublich wertvolle Arbeit, die wir Schatzheberinnen leisten. Wir geben unser Herzblut, unseren Zauber und unsere Magie. Und ... ich weiß aus Erfahrung, die Frauen fühlen sich nicht wohl, wenn sie uns nichts geben dürfen. Traue dich, liebe Schatzheberin. Betritt auch Neuland im digitalen Zeitalter. Traue dich auch, weil du als Schatzheberin einen Auftrag hast: Vorbild zu sein. Mutig zu sein. Das weibliche Kollektiv zu stärken. Fehler zu machen. Verletzlich zu sein. Dich dem was ist hinzugeben. Und bitte – nimm diesen Auftrag an.

Ich wünsche mir, dass du schon voller kribbelnder Vorfreude bist – dass du den göttlichen Ruf spürst und er dich hinausträgt. Ich werde da sein und voller Freude in das Feld der immer mehr werdenden Schatzheberinnen blicken!

Literaturliste zum Vertiefen

Alle Hürden überwinden. Sein Leben selbst in die Hand nehmen. Dr. Franz Decker, Vianova Verlag. ISBN 3-936486-76-X

Die wunderbare Heilkraft des Atmens. Rüdiger Dahlke, Andreas Neumann, Heyne Verlag, ISBN 978-3-453-70125-0

Die zwölf Entwicklungsschritte des friedvollen Kriegers. Dan Millman, Ullstein Verlag, ISBN 3-548-74144-4

Im Kreis des Lebens. Die 13 Archetypen der Frauen, Elisabeth Davis & Carol Leonard, Arun Verlag, ISBN978-3-935581-75-2

Kommunikationstraining: Zwischenmenschliche Beziehungen erfolgreich gestalten. Vera F. Birkenbihl, mvg Verlag, ISBN 978-3-86882-446-9

Lieben was ist. Wie vier Fragen Ihr Leben verändern können. Byron Katie, Arkana Verlag, ISBN 978-3-442-33650-0

NLP-Der Zauberlehrling. Alexa Mohl, Junfermann Verlag, ISBN978-3-87387-770-2

Räuchern für die Seele. Energien reinige, harmonisieren und stärken. Annemarie Zobernig. Mankau Verlag. ISBN 978-3-86374-535-6

Räuchern zu heiligen Zeiten. freya Verlag. ISBN 978-3-99025-214-7

Saturn. Liz Green. Kailash Verlag. ISBN 3-89631-375-4

Sinnes- und Wahrnehmungskanäle: NLP-Trainingsprogramm, Feustel, Komarek. Südwest Verlag. ISBN 978-3-517-08218-9

Umarme deine Angst, Gina Kaestele, Herder Spektrum, ISBN 3-451-04179-0

Wege zu den alten Göttern. Priesterschaft in der Naturreligion. Vicky Gabriel. William Anderson. Arun Verlag. ISBN-3-935581-75-7

Sonja Wildner

Seit 27 Jahren in der Erwachsenenbildung tätig, in der Leitung von Workshops und Seminaren, für Führungskräfte, firmenintern sowie am offenen Markt und speziell auch für Frauen im arbeitsmarktpolitischen Kontext.

Gesamt 5000 Seminarstunden und ca. 600 Stunden Beraterinnen-Tätigkeit. Vier Jahre Geschäftsführung Ausbildungsinstitut CallCenterAcademy mit Schwerpunkt auf Höherqualifizierung von Frauen. Seit 2015 Leitung von Frauenkreisen, Abend- und mehrtägige Veranstaltungen.

seit 2015 Frauenkreisleiterin
seit 2013 Beraterin für Frauen im arbeitsmarktpolitischen Kontext und in Veränderungsprozessen
seit 1997 Trainerin in der Erwachsenenbildung
Dipl. Ernährungstrainerin
Dipl. Burnout-Prophylaxe-Trainerin
Dipl. Astrologin

www.femspirit.at
www. anti-stress-ernaehrung.at

Marlies & Klaus Holitzka
Das E.V.A. - Projekt
Buch, 36 Karten, 29,95 €
ISBN 978-3-86663-044-4

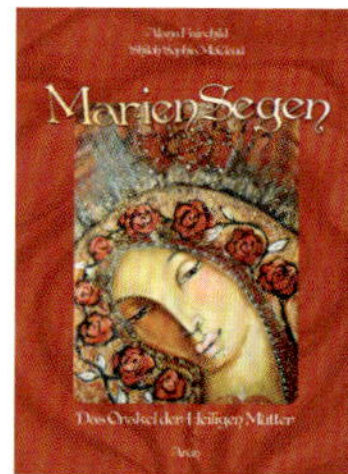

Fairchild & McCloud
MarienSegen
Das Orakel der Heiligen Mutter
Buch, 44 Karten, 29,95 €
ISBN 978-3-86663-107-6

S. P.-M. Law & B. Moore
Das Seelenzauber-Tarot
192-Seiten-Buch,
78 Tarot-Karten, 29,95 €
ISBN 978-3-86663-052-9

Janascheck & MacAulay
Kessel - Ofen - Feuer
Köstliche Rezepte
zum Feiern der Jahreskreisfeste
Hardcover, 19,95 €
ISBN 978-3-86663-072-7

M. Ryan & J. Matthews
Das Wildwood-Tarot
160-Seiten-Buch,
78 Tarot-Karten, 29,95 €
ISBN 978-3-86663-051-2

Axel Brück
Die Andersweltreise
Praxisbuch Schamanische Reise
Hardcover mit CD, 19,95 €
ISBN 978-3-86663-105-2

Thomas Eberle
Die Schwingende
UrMedizin
Wie Klänge berühren
und heilen können
Hardcover, 2 CDs, 24,95 €
ISBN 978-3-86663-112-0

Philip & St. Carr-Gomm
DruidCraft-Tarot
Das Druiden- und Wicca-Tarot
192-Seiten-Buch,
78 Tarot-Karten, 29,95 €
ISBN 978-3-86663-034-5

Regula Meyer
tierisch gut
Tiere als Spiegel der Seele
Hardcover, 29,95 €
ISBN 978-3-86663-120-5

E. Davis & C. Leonard
Im Kreis des Lebens
Die 13 Archetypen der Frauen
Hardcover, 18,00 €
ISBN 978-3-86663-103-8

Cambra Maria Skadé
Die schamanische Kraft im Alltag
Hardcover, 18,00 €
ISBN 978-3-86663-116-8

Désirée Baierl
Brustkrebs schamanisch begegnen
vorsorgend-behandelnd-therapiebegleitend
Hardcover, 18,00 €
ISBN 978-3-86663-076-5

M. Milliéroux & M. Pouyet
LandArt-Mandala
Kreative Naturmandalas
Hardcover, 19,95 €
ISBN 978-3-86663-119-9

viatores & Vicky Gabriel
Feuergeist & Wandelwind
Schamanische
Heil- und Ritualtänze
Hardcover & CD, 19,95 €
ISBN 978-3-86663-090-1

Patricia Ricci
Wilde Kräuter für wilde Frauen
Wilde Pflanzenarzneien für die eigene Frauen-Natur-Apotheke
Hardcover, 24,95 €
ISBN 978-3-86663-117-5

Das Gesamtprogramm des Verlages sehen Sie auf unserer Homepage. Hier finden Sie neben dem Gesamtverzeichnis und unserem Onlineshop viele Informationen zu unseren Titeln, Inhaltsverzeichnisse, Lese- und Hörproben, eine aktuelle Liste mit Veranstaltungen unserer Autoren und noch einiges mehr:

www.arun-verlag.de